「みてて」発話からとらえる
子どもの心の世界

―エピソードが紡ぐ心の交流をみつめて―

福﨑淳子 ［著］

創 成 社

はじめに

　みなさんは，「ほら　みて」「ねぇ　みてて」と子どもから呼びかけられたことはありませんか。公園やスーパー，電車のなかなどで「みて」「みてて」と，かたわらにいるおとなに呼びかけている子どもの姿を目にされた方も多いのではないかと思います。家庭をはじめ，幼稚園，保育園，こども園などの施設においても，保育者や仲間に「みて」「みてて」（以下「みてて」発話とする／第1章注1）参照）と呼びかける子どもの声がよく聞かれています。もちろん，子どもが呼びかけるだけでなく，おとなも呼びかけています。きっとみなさんも，呼びかけた経験をおもちだと思います。このように，「みてて」発話は，私たちの日常的な生活のなかでごく自然に言ったり耳にしたりする発話ですが，では，いったいどうして「みてて」発話が生まれるのでしょうか。なぜだろうか，と考えてみたことはあるでしょうか。そんなこと考えるまでもなく，「見せたいからだよ」という声が聞こえてきそうです。そうですね。確かに子どもは，何かを見てほしくて呼びかけているのでしょう。でも，それだけでしょうか。ただ，見てほしいだけなのでしょうか。

　本書は，「みてて」発話が，ただ見てほしいだけの思いから生まれる発話なのだろうか，というそんな素朴な問いかけをもとに，20年余りにわたり「みてて」発話のエピソードを追い続け，そこに込められた繊細な子どもの心の動きをひもときながら，「みてて」発話から紡ぎ出される子どもの心の世界についてまとめたものです。

　私が「みてて」発話のエピソードを追い続けながら，子どもの心の世界をみつめる試みをはじめてから，気づけば20年余りの歳月が流れていました。

　「みてて」発話の基礎的研究にあたる前半の約7年余りは，学位論文（大妻女子大学に提出）としてまとめた研究（園生活における幼児の「みてて」発話）です。その研究では，「みてて」という発話行為の現象を，入園から卒園に至る3年間の

iv

縦断的な参加観察によってひもときながら,「みてて」発話のもつ新たな機能の解明に挑みました。さらに,その後の 10 年余りにおいては,「みてて」発話には,「まだもっと深く,複雑な子どもの思いや願いが秘められているのではないか」という私の追究心も重なり,新たな視点からの「みてて」発話収集を試みつつ,エピソードをひもときながら子どもの心の世界をみつめ続けてきました。

　エピソードを追い続けているうちに,いつの間にか 20 年余り経ってしまったといえば聞こえはいいのですが,20 年といえば,手がけはじめたときに生まれたあかちゃんが成人を迎えています。そんな長きにわたり,「みてて」発話一筋にエピソードを追い続け,やっとそれをまとめることになった背景に,いったいどんなことがあると思われるでしょうか。

　「みてて」発話から生まれる子どもの心の世界の奥深さと,そのひもときへのワクワク感に取りつかれてしまった私がいるといっても過言ではないのですが,何よりも大きな理由は,博論の主査であった故大場幸夫先生と交わしたある約束が,私の心のなかにずっと生き続けていたからなのです。その約束とは,博論に課せられた公開義務にもとづきどんな形で出版するかを大場先生とご相談していたときに,公開義務の書としてはそのままを限定版として出版し,一般的にも読みやすい保育書として別にもう 1 冊出版してはどうだろうか,という提案でした。その提案について,博論からいくつかの新たな課題も生み出されていることを鑑み,その課題も含めてもう少し深めた内容を別にまとめてみたい,と私が再提案しました。すると,その提案に大場先生は大きくうなずかれ,「それはいい」と即答されたのです。そして,保育実践の書として現場に活かせる「みてて」発話の書を,5 年くらいをかけてもう 1 冊,別に出版することを大場先生と約束しました。しかし,もう 1 冊をまとめることは,そう簡単なことではありませんでした。博論での課題をもとに,その後も「みてて」発話研究の一環として,別の視点からエピソードをみつめ直したり,新たなエピソードを収集したりしながら分析していると,もう少し,もう少しと区切りをつけることがなかなかできなかったといえば聞こえはいいのですが,それだけではなく,大学教員としての忙しさも重なり,それを口実になかなか取り組めなかった私がいたことは否めません。さらに,10 年前には思い

もよらず大場先生が急逝されてしまい，いったん心が途絶えたものの，ときどき「福﨑さん　もう1冊はまとまった？」という声が，私の耳元で聞こえてくるようになりました。毎年保育学会で「みてて」発話についての考察を重ねながら研究発表をし続けることで，なんとか大場先生との約束を首の皮一枚でつないでいたように思います。そして，今年こそ，と思いながらも手つかずに終わる日々を過ごしているうちに，さらなる追い打ちのように，博論の副査を担ってくださった柴崎正行先生，森上史朗先生が次々と天に召されてしまいました。大場先生が天に召されてまもなく10年が経とうとしています。その年月は，もう1冊を出版するという大場先生との約束期限からもすでに10年近くが流れていました。これではいけないという思いが込み上げ，今度こそはという思いで，博論後の研究成果も含めて，もう1冊の「みてて」発話研究のまとめにやっと取りかかりました。

　私の「みてて」発話研究は，このような思いも重なりながら，保育学会に毎年発表しつつ20年余りにわたり続けてきたものなのですが，実は，根底には，もっと大きな支えがあります。それは，大場先生から投げかけられたある一言です。その一言がなければ，「みてて」発話研究は，おそらく蓋を閉ざし，お蔵入りになっていたでしょう。そして，その一言は，私が「みてて」発話を追い続けながら，見せるだけではない何かもっと深い思いがありそうだと感じる一方で，研究として果たして本当に意味があるのだろうか，と行き詰まり投げ出しそうになっていたときになされたものでした。どんな一言でしょうか。それは，「もし，福﨑さんの心のなかに，1％でも『みてて』発話に何かありそうだと感じる思いがあるのなら，追い続けるべきだと思うな」という投げかけです。研究として成果を出せるかどうかの確証はありませんでしたが，その一言に支えられて，私の「みてて」発話研究は今に至っています。「1％の思い」，それは，しっかりとした根拠に基づき何かを明らかにする科学論文としては，賭けにも近いことだったのかもしれません。大場先生にも，私が何かを解明できるという確証はなかったと思います。しかし，「みてて」発話の研究は，この大場先生が私に投げかけてくださった「1％の思い」からはじまったといっても過言ではありません。そして，この一言は，その後の研究者として

の私の追究心にもつながり、私にとって「1％の思い」は、まさに追究心を刺激する呪文のようになりました。

「現場には、日々の経験を保育の文脈において解釈し続ける力がある。こどもの傍らに在るという保育者の存在の仕方が、こどものストーリーについて語る力の源でもある」（「こどもの傍らに在ることの意味　保育臨床論考」p.195　萌文書林2007年）という大場先生の示唆のなかに、観察者としてエピソードを解釈する私の立ち位置を重ねながら、20年余りにわたりひもとき続けてきた「みてて」発話について、そこに込められた子どもの繊細な心の世界について語りたいと思います。

なお、本書は、Ⅰ部とⅡ部に分かれています。Ⅰ部は、「みてて」発話の基礎的研究となった博論の旧稿（園生活における幼児の「みてて」発話　相川書房　2006年）のポイントをかなり絞り込みながら整理し、紹介しています。Ⅱ部は、その後の研究から紡ぎ出された子どもの心の世界について紹介しています。書をまとめるにあたり、旧稿からの時間的経過を考えるとⅠ部は外すべきではないかとも考えたのですが、その博論が「みてて」発話研究の出発点でもあり、その後の研究を深めていく上での土台ともなっていますので、Ⅰ部を基礎的研究として紹介し、その後の研究をⅡ部としてまとめる構成にしました。そのため、Ⅰ部は、既刊に比べ読みやすくなるようにと心がけながらポイントを整理し書き直したつもりですが、すでに出版された内容と重なりますので、Ⅱ部から読んでいただいてもよいかと思います。

また、本書のエピソードに登場する子どもたちの名前は、深いご理解のもとに観察させていただいた園の方々のプライバシーを守るために、すべて仮名で記しており、同じ仮名が必ずしも同一の子どもを指しているとはかぎりません。また、子どもたちの発話は、子どものことばとしてすべてひらがなで記しています。さらに、本書に掲載の写真は、エピソードと直接的なかかわりはありません。読者の方が子どもの世界により近づければ、とそんな思いでご承諾いただいている写真を掲載しています。

では、子どもの心にそっとふれる思いで、「みてて」発話からひもとく子どもの心の世界へと、みなさんをお誘いしたいと思います。

目　　次

はじめに

第Ⅰ部　「みてて」発話における基礎的研究

第1章　「みてて」発話に目を向けたとき ———————— 3

1. 「みてて」発話とは ……………………………………………… 3
2. 「みてて」発話は見せるだけ？ …………………………………… 5
3. 新たな機能の可能性をみつめるために …………………………… 8
   （1）新たな機能の可能性へ向けて　8
   （2）「みてて」発話の基本的構造　8
4. 「みてて」発話から生まれるかかわり …………………………… 10
   （1）かかわりをつかむ　10
   （2）かかわりを深める　16
   （3）他者の視点を読む　19

第2章　「みてて」発話から探る子どもの心の世界 ———— 25

1. 現象の多様化 ……………………………………………………… 25
2. 見せたい相手は誰？ ……………………………………………… 43
3. 見せたいモノは何？ ……………………………………………… 44
4. 年齢的な特徴 ……………………………………………………… 46
   （1）各年齢における特徴　46
   （2）年齢ごとにみる発話相手の変化　48

第3章　「みてて」発話における新たな機能の提起 ———— 51

1. 「みてて」発話の構造と図式化 …………………………………… 51
   （1）「みてて」発話における三項関係の基本形の確認　51

　　　（2）三項関係の対称性　52
　　　（3）三項関係から四項関係へ　54
　　　（4）三項関係の二重性　56
　　　（5）思考のなかの三項関係　59
　　2．他者と気持ちをつなぐ機能 ………………………………………… 61
　　　（1）共感的機能　62
　　　（2）方略的機能　63
　　　（3）媒介的機能　64
　　　（4）一次的「みてて」発話と二次的「みてて」発話　67
　　3．自他関係をつなぐメカニズム ……………………………………… 68

第Ⅱ部　「みてて」発話が紡ぐ子どもの心の世界

第4章　新たな視点から探る「みてて」発話 ──── 77

　　1．エピソードを解釈することについて ……………………………… 77
　　2．「みてて」発話の否定形 …………………………………………… 79
　　　（1）発話相手が観察者（私）の場合　80
　　　（2）発話相手が友だちの場合　84
　　　（3）否定形に託された子どもの心の動き　87
　　3．身体が語る「みてて」発話 ………………………………………… 91
　　　（1）ひとり遊びから　91
　　　（2）子どもと保育者の間で　93
　　　（3）周囲を取り込む　95
　　　（4）見せたい相手への意識　98
　　　（5）身体が語る子どもの「みて」「みてて」　100
　　4．つぶやきの「みてて」発話 ………………………………………… 101

第5章　保育者の「みてて」発話 ──────── 105

　　1．子どもに向ける保育者の「みてて」発話 ………………………… 105
　　2．「みたい」「みせて」に込められた思いは？ ……………………… 110
　　3．子どもと保育者の心をつなぐ ……………………………………… 114
　　4．保育者の「みてて」発話における機能 …………………………… 118

第6章　子どもの「見せたい」思いによせて ──────── 123

　　1.「みせてあげるね」に込められた思いは？ ················· 123
　　2.「見られる」ことに込められた思いは？ ················· 128
　　3.「なに　みているの」に込められた思いは？ ··············· 134
　　4.「みてて」発話が生まれるまでの子どもの心の動き ········· 138

終　章　「みてて」発話が紡ぐ心の交流 ──────── 147

あとがき　153
索　引　157

第 I 部

「みてて」発話における
　　　　　　基礎的研究

　観察者として幼稚園に通いながら，日常的な保育の生活文脈のなかに身を置き，子どもたちの生活世界をみつめはじめたとき，頻繁に聞こえてくる子どもの「みて」「みてて」という呼びかけに，見てほしいという思いだけではない何かを感じた私がいました。第Ⅰ部は，その何かをみつめるために，幼稚園での参加観察によって得られた子どもたちの「みて」「みてて」という呼びかけのエピソードをひもとき，そのひもときから見出された現象や構造，そして新たな機能についてご紹介していきます。

　なお，基礎的研究では，幼稚園における 3 年間の縦断的研究に取り組む前に，第 1 段階の研究がありました。それは，私が「みて」「みてて」という発話のなかには，見せるだけでないもっと深い子どもの思いや願いが託されているのではないかと思い抱くきっかけになったエピソードとの出会いと，その可能性を探る 1 年間（3 歳児クラス対象）の参加観察です。その第 1 段階において，396 のエピソードを収集し，そのなかから現象が異なっているのではないかと思われる 16 のエピソードを選び出してひもとき，「みて」「みてて」という発話機能の理論化に向けて，その可能性が秘められていることをまとめました。そして，これを土台に第 2 段階では，その検証のために，3 年間にわたる縦断的な参加観察を通して 1,453 のエピソードを収集し，そのなかから，質的に異なる解釈ができるのではないかと考えた 29 のエピソードを選び出し，現象の多様化をはじめ，見せたい相手や見せたいモノ，年齢的な特徴を分析しながら，構造の図式化と機能の理論化を試みました。

　本書の第Ⅰ部では，基礎的研究において選び出したすべてのエピソードをご紹介することは叶いませんので，第 1 段階と第 2 段階のエピソードにおける内容の重なり（博論では検証のために同じ内容のエピソードを取り上げています）を避けるとともに，分析の視点もポイントを絞り，その一部を取り上げてご紹介していきたいと思います。

　さて，どんな子どもの心の世界が見えてくるでしょうか。

第 1 章
「みてて」発話に目を向けたとき

　「せんせい　みて」と子どもの叫ぶ声が，園庭に響いています。その情景を思い浮かべてみてください。きっと子どもが何かを先生に見せようとしているのだ，と誰もが考えられることでしょう。確かに，子どもは何かを先生に見てほしくて，叫んでいます。でも，それだけでしょうか。見せたいという思いだけでしょうか。

　子どもが「みて」や「みてて」と呼びかけたときのその思いを，そっとみつめてみたいと思うのです。見せたいという思いの背後にどんな思いが潜んでいるでしょう。その子どもの心の世界のひもときに挑んでみたいと思います。

　では，まず，「みてて」発話はどのように位置づけられているのでしょうか。その確認からはじめたいと思います。

1.「みてて」発話とは

　幼稚園や保育園，こども園において，子どもが「みて」や「みてて」(以下「みてて」発話[1] とする) と保育者や仲間に呼びかける姿をよく目にすることがあります。では，「みてて」発話は，いったいいつ頃から聞かれるのでしょうか。小さな指で指さしている子どもから，「みて」や「みてて」と呼びかけられた記憶をもつ方も多いと思いますが，さて，何歳頃からだと思いますか。このような「みてて」発話は，「経験や情報の共有を表現する言葉として，共同注意請求発話」[2] のひとつとして位置づけられており，相手に物を差し出しながら「みて」というこの共同注意請求発話は，「2歳に入ってから発現する言語現象である」[3] ことが報告されています。また，生後9ヶ月ごろから見

られる指さし行動の延長線上に生まれる発話のひとつとも考えられます[4]。つまり，指さし行動を経て生まれる発話といえます。9ヶ月ごろから見られるこの指さし行動は，それ以前に中心であった子どもとおとなの2者間のやりとりから，指し示した指の先にあるモノ（対象）を取り込む社会的な相互交渉への変化でもあり，三項関係（子どもとおとなとモノ（対象）という3つの関係）の典型的な行動といわれています。また，指さし行動は，ことばの発達にも重要な影響をもつノンバーバルコミュニケーション行動ともいわれており，この指さし行動の延長線上に生まれる「みてて」発話は，注意の共有を他者に要請することばとして，前述のように共同注意請求発話のひとつとして位置づけられており，ことばの発達とともに，社会的な相互交渉をもつ大切な発話といえます。

　では，この「みてて」発話は，一般的にどのような意味をもつ発話として考えられているのでしょうか。

　「みてて」発話について，鯨岡[5]は，「保育園を訪ねると，子どもたちが保育者の回りに群がっては，『先生　見て』とおのれの行為を保育者に認めてもらおうとする姿が頻繁に見られる。そこで保育者に『うわぁー　素敵なのができたね』と認めてもらった子どもは，得意げな表情になり，身体に力がみなぎり，その後の活動に一段と力が入る」と述べています。また，今井[6]も「二〜三歳にかけて子どもたちはよく『みてみて』という言葉を発します。『あらすごい。高い所にのぼったね』とこたえると『そう登ったの。高いとこ』とくり返します。日常おとなとこうしたやりとりをしながら，子どもは次第に自分の行動や気持ちをことばに表せるようになっていくようです」と説明しています。このように，「みてて」発話は，園において頻繁に保育者に向けられる発話であり，保育者からのまなざしや承認・賞賛などを得ることによって，子どもに満足感や自信を生み出していると考えられます。自分のできたこと，がんばったことなどを見てもらうことによって得る承認や賞賛が，自信へとつながり，次への行動へと躍進していくきっかけにもなっている発話なのだといえるでしょう。そして，見ることの注意を要求する発話ですから，見てもらうことが大きな目的になって生まれている発話であることはいうまでもありません。

しかし，これだけなのでしょうか。発話の意味が，子どもへの満足感や自信を促すという位置づけだけであれば，これ以上筆を進める必要はなく，ここで終わってしまいます。でも，本書ははじまったばかりです。そうなのです。これからがはじまりです。「みてて」発話が，子どもたちにとって，承認や賞賛を得，自信へとつながる発話であることは，前述のようにすでに説明されていることです。この一般的な意味の位置づけをまず確認した上で，それだけではない複雑で繊細な子どもの心の動きが映し出されている可能性について，エピソードをもとに考えてみたいと思います。

2.「みてて」発話は見せるだけ？

では，「みてて」発話には，見せるというだけではない，いったいどんな子どもの思いが込められていると考えられるのでしょうか。そんな問いかけが私の心のなかに生まれるきっかけとなったエピソードがあります。それが，3歳児クラスの次の2つのエピソードです。

エピソード1-1　　はい　カレーライスです

　ミキとナナが保育室の廊下でままごと遊びをしているところへ，マヤが粘土の盛ってあるお皿を保育室から抱えてやって来て，ふたりに「ほら

みて」とお皿を差し出して見せます。ミキが「なに」と聞くと，マヤは「はい　カレーライスです」と言って，ミキにお皿を渡します。ミキはもぐもぐと食べる真似をしてからお皿をマヤに返します。マヤはそれを受け取ると，ミキとナナの間にしゃがみ込み，お皿の粘土を少しさわってから，「ナナちゃん　できました。カレーライスです」と言って，今度はナナにお皿を渡します。ナナは「おいしいね」と言いながら食べる真似をし，マヤとうなずき合います。マヤはそのままミキとナナの間にしゃがみ込み，お皿のやりとりをしながら，いつの間にかふたりのままごと遊びに加わり，3人でのままごと遊びが続いていきます。

　ミキとナナがままごと遊びをしているところに，マヤが「ほら　みて」と呼びかけてお皿を差し出すと，それに関心をもって「なに」と応じるミキの姿があります。マヤのカレーライスというイメージに対して，もぐもぐと食べる真似をし，カレーライスというイメージを共有しているミキがそこにいます。そして，マヤは，保育室に戻るのではなく，いつの間にかミキとナナの間にしっかりとしゃがみ込み，ナナにもカレーライスをふるまいます。ナナにもイメージが共有され，そのまま3人のままごと遊びが自然に続いていきますが，そのきっかけになったのは，マヤの「ほら　みて」という「みてて」発話です。結果的に仲間入りをしただけだといってしまえばその通りなのですが，「みてて」発話がそのきっかけになっているというところに注目をしたいと思うのです。仲間入りによく使われる「入れて」ということばではなく，「みてて」発話が仲間入りを自然に受け入れ，一緒に遊ぶという関係を生み出しているところに，見せて終わるだけではない，友だちとの新たな関係を作り出すきっかけが，映し出されていると考えてみたいと思うのです。

■ エピソード1-2　できた　できた

　ブロックの入った箱をはさんでユウジとモエが向き合うように座り込み，別々にブロックを組み立てています。互いに声を発することもなく，

この状態がしばらく続いていましたが，ユウジが「ね　みててね」とモエの顔を覗き込むように呼びかけ，ブロックをビルのように高く組み立てて見せます。するとモエは「できた　できた」とそれに応えて拍手し，ユウジが組み立てたブロックの上に，今度はモエが人形ブロックを乗せて見せます。すると，ふたりは，顔を見合わせて首を縦に振り，大きくうなずいて笑いながら一緒に手を叩いています。その後もユウジが作ったビルを使って，ふたりのブロック遊びが続いていきます。

　ユウジとモエは，声をかけ合うこともなく別々にブロックを組み立てていますと描かれているように，はじめは平行遊びの状態でした。しかし，ユウジの「みてて」発話をきっかけにモエの関心がユウジの作ったビルに向けられ，モエはユウジに拍手で応えています。さらに，モエはユウジの作ったビルに手を出していますが，ユウジはその行為を受け入れています。モエがユウジの組み立てたブロックに人形ブロックを乗せたときに，笑いながらうなずき合って手を叩いているふたりの姿を思い浮かべてみてください。「いいね！」あるいは「やったね！」とでも言っている2人の声が聞こえてきませんか。まさに，このときふたりのブロック遊びの世界が共有されたのだと思います。そこには，ほのぼのとした温かさが漂っているように感じられます。見せて終わるだけではなく，見せることをきっかけにイメージが共有され，ふたり一緒のブロック遊びへと発展し，それを楽しむ姿が生まれているのです。ユウジは目の前にいたモエに「みててね」とただ声をかけただけかもしれませんが，このエピソードにも，友だちとの関係を作り出すきっかけが映し出されているように感じます。

　このように，何気ない「みてて」発話をみつめ返してみると，「みてて」発話をきっかけにやりとりを交わしながら，友だちと関係を深めていく姿が読みとれます。結果的にそのようになっただけ，といってしまえばそれまでなのですが，たとえそうであったとしても，新たな関係を生み出すきっかけとしての意味が，新たな機能への可能性を予感させるのです。

　「みてて」発話が，単に＜見せる―見る＞の関係だけで終わるのではなく，その現象の背後に，自分と友だち（他者）との気持ちをつないでいこうとするような思いが込められているのではないか，そこに見せるだけではない新たな視点の機能が秘められているのではないか，と考えてみたのです。

３．新たな機能の可能性をみつめるために

（1）新たな機能の可能性へ向けて

　前節で紹介した「はい　カレーライスです」と「できた　できた」のような「みてて」発話は，ごく日常的な園生活のなかでよく見られる光景ですが，踏みとどまってその様子をみつめてみると，そこには「見てもらう」ということがひとつのきっかけになって，自然な形で仲間入りや一緒に遊ぶという新たな関係への展開が生まれていることに気づきます。「みてて」発話は，見てもらうことを要求する発話であり，見せるということによって他者と注意を共有し，共有した他者から賞賛や承認を得ることで，自信や満足感がもたらされ，子どもの活動がより高められるという機能のあることは，すでに述べた通りです。確かにその機能の意味は大きく，見てもらうことがよろこびにつながっていることは確かです。しかし，見せることをきっかけに，高められる活動の展開として，新たな関係が生み出されるところに，一般的な解釈の域を超えて，「みてて」発話のやりとりの現象がさらに複雑化し，多様化していくのではないか，という可能性が考えられるのです。そこには，他者とかかわりをつかみ，かかわりを深め，かかわりをつなげていくという，そんな子どもたちの姿が見えてくる予感が湧いてきます。

（2）「みてて」発話の基本的構造

　「みてて」発話には，新たな関係をつくりだす機能の可能性があることをお話ししてきましたが，この機能の可能性を探っていくために，ここで，「みてて」発話がどのような構造になっているかについて，その基本的な構造を確認

しておきたいと思います。

　先に述べたように、「みてて」発話は、共同注意請求発話のひとつとして、指さし行動の延長線上にある発話と位置づけられ、そこには三項関係という構造があります。どんな三項関係でしょうか。

　まず、見てもらいたいと思って「みて」「みてて」と呼びかける子ども（以下発話児）がいますが、見せたい相手と見せたいモノがあってこその発話です。ですから、見せたい相手（以下発話相手）と見せたいモノや現象（以下対象）が必ず存在します。つまり、発話児と発話相手の2者間で、発話児の見てもらうことの要求により、発話相手が同じモノや現象（対象）を一緒に見るという共同注意によって、三項関係＜発話児―発話相手―対象＞が構成されています。この三項関係の構造を、図1のように示し、本書では、これを基本形として考えてみたいと思います。

　なお、ここで大切なことは、発話児の「みてて」という呼びかけ（図1の①）

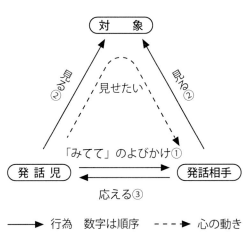

図1　「みてて」発話における三項関係の基本形

により，発話児と発話相手が対象を一緒に見ることで対象を共有します（図1
の②）が，共有した発話相手からそれに対する何らかの応え（身体的な反応も含
む）が返ってくる（図1の③）ことによって「みてて」発話の三項関係は，意味
をもった関係として成立するのだと考えています。

4.「みてて」発話から生まれるかかわり

では，「みてて」発話の新たな機能の可能性を探るにあたり，まず，3歳児
入園の子どもの「みてて」発話に関するエピソードをひもときながら，入園か
らの1年間においてどんな＜かかわり＞が生まれているかについてみつめてみ
ましょう。

(1) かかわりをつかむ

4月の「みてて」発話には，自分のしている行為や作ったモノを保育者に見
てもらいたい，あるいは自分の方に目を向けてほしいという保育者からのまな
ざしを得たいという子ども（発話児）の思いが，ストレートに表現されている
次のようなエピソードが見られています。

エピソード1-3　歩いて見せる

数人の子どもと対応している保育者に向かって，マヤが「みて　せんせ
い　みてて」と保育者を呼びます。保育者がマヤの方を向くと，マヤは
「みてて　ほら　こんなことできる」と言って，ウレタン積木が一列に並
べてある上を歩いて見せます。保育者から「わー　マヤちゃん　じょう
ず」と言われ，うれしそうに笑いながらもう一度歩いて見せます。

エピソード1-4　差し出して見せる

ヤスシが「ほら　みて」と長くつなげられた緑色（全て同色）のブロッ
クを持って，近くにいる保育者に差し出して見せます。保育者から「わー

長いのできたね」と言われると，ヤスシは得意げな表情になり，笑顔を見せます。

エピソード1-3と1-4は，保育者のまなざしが自分に向けられ，自分の行為や自分の作ったモノを保育者に見せたいという思いからなされていると考えられます。見せる対象が1-3は発話児自身の行為であり，1-4はモノであるという違いはありますが，ともに保育者のまなざしを得ることによろこびを感じています。保育者からの返答を受け，もう一度歩いて見せるマヤの行為や笑顔を見せるヤスシには，保育者から得られたまなざしと承認に対するよろこびや満足感が込められており，そこには，得意になっている子どもの気持ちが反映されています。保育者に対する自分自身の存在のアピール，できるという有能さへの承認，そして，できることを見てもらうことで保育者に注目してもらえるという思いが，「みてて」発話に込められており，まさに一般的な位置づけの「みてて」発話の姿が認められます。しかし，賞賛，承認を得たところで「みてて」発話は終結しています。

4月半ばには，保育者に対してではなく，友だちに対しても見られています。

─── **エピソード1-5** 　前回りして見せる ───

タカオが「みてて　みてて」とヤスシに呼びかけます。ヤスシがタカオの方を向くと，タカオは，滑り台の前に敷いてある三角マットの上で頭からごろんと前回りをし，終わるとヤスシの方をみて，ヤスシがわずかにうなずきながら自分を見ていることを確認します。

タカオはヤスシのまなざしが向けられると三角マットの上で前回りをして見せています。そこには，得意になって見せているタカオの様子が感じられます。ヤスシからは，保育者のようにことばによる賞賛や承認の応答は返ってきませんが，回り終わるとヤスシの方を見ており，わずかにうなずくヤスシのま

なざしを確認していることがわかります。そこには，友だちからのまなざしを得ることの満足感が映し出されていると考えられます。

　5月に入ると，自分の行為を保育者に見せたいという思いとともに，そこに他の友だち，特に周囲の仲間の存在を意識しているエピソードが見られます。

```
━━━  エピソード1-6  　　わたしだってできる  ━━━
```

　アキが廊下に積まれたマットの上から跳び降り，「せんせい　みてて」と言ってもう一度跳んで見せます。保育者が「わー　上手に跳べたね」と言い終わったところで，マットから少し離れたところにいたナミが，保育者に向かって「せんせい　みてて　わたしだってできる」と言って，アキと同じようにマットの上から跳び降りて見せます。保育者から「ほんとだナミちゃんも上手」と言われ，ナミは笑顔を保育者に見せてからアキの顔を見ます。アキもナミの方を見てから，もう一度跳び降りて見せると，ナミも繰り返し，互いに顔を見合います。ふたりの遊びは，保育者に見てもらいながらしばらく続きます。

　友だちの行為を見て，自分だってできるのだから自分の行為も保育者に見てほしいというナミの思いが，「みてて」発話に表現されています。まさにアキに触発されて生まれた「みてて」発話といえるでしょう。アキの「みてて」発話がなければ，ナミの「みてて」発話は生まれていなかったのではないでしょうか。また，保育者の「上手」という返答を得ることで，ナミの要求はある程度満たされていますが，最後にアキの顔を見ているナミの姿は，アキに対しても自分の行為をアピールしていたのではないかと思われます。さらに，アキもナミの方をみてから，再度挑戦しています。周囲の友だちの様子が気になるという，他者への意識が生まれているからこその「みてて」発話といえるのではないでしょうか。

エピソード1-7　　じょうず　じょうず

　マサルが「ねえ　せんせー　みーてて　みてて」と腹ばいになって滑り台から滑ります。保育者がうなずいているところへサヤカが近づいて来て「わー　じょうず　じょうず」と手を叩いてほめます。その後すぐに，サヤカも同じようにやって見せます。マサルはサヤカの滑るのを見て，声は出さずにうなずいています。

　保育者に「みてて」と呼びかけているマサルの行為を見て，近くにいたサヤカが手を叩いて誉めていますが，同時にサヤカもその行為を真似しています。そして，真似したサヤカにうなずくマサルがいます。友だちへの共感とともに，その行為を真似して楽しむサヤカとマサルの姿は，1-6のような触発的な対抗意識とは異なる，友だちへの仲間意識の広がりが生まれていることを感じさせます。

　6月になると，自分ひとりだけの行為を見せるのではなく，一緒に保育者に「みてて」と呼びかけ，互いに顔を合わせたり見せ合ったりする場面が見られます。保育者への「みてて」発話をきっかけに，友だち同士で互いにうなずき合い，共感するという他者関係の深まりを感じるエピソードが見られます。

エピソード1-8　　顔を合わせる

　サヤカが「みて　みて　せんせいみてて」と言うと，重なるようにチズルもサヤカの呼びかけに加勢し，もう少し大きな声で，「みーてて　せんせい」と呼びかけます。保育者がふたりの方を向くと，サヤカとチズルが顔を合わせてにこっと笑いながら，ふたりで一緒に斜面台の上から後ろ向きのまましゃがんで滑ります。滑り終わると，保育者の方を一緒に見てから，顔を合わせて笑い合っています。その後も，うなずき合いながら滑る遊びが何度も繰り返されます。

14

　サヤカの「みてて」発話に加勢するチズルの「みてて」発話によって，ふたりに返された保育者のまなざしを，サヤカとチズルが顔を合わせて一緒に受け止めている姿が見られています。その一緒に笑ってうなずき合う場面には，自分ひとりだけではなく，保育者のまなざしを一緒に共有し，一緒に楽しみ合うという友だちとのかかわりの深さが生まれていることを感じます。園という集団生活のなかで，徐々に，自分だけの世界から自分たちの世界へと育っていく子どもの姿のあることを感じます。

エピソード1-9　　互いに見せ合う

　タカオが「せんせい　みて」と粘土で作ったぐるぐる巻きのカタツムリを見せます。そばで一緒に作っていたヤスシも「ほら　みて」と見せます。この後「ねー　カタツムリー」と言いながらタカオとヤスシが顔を見合わせ，互いに自分の作ったカタツムリを見せ合い，うなずき合います。さらに，タカオが「カタツムリごはんをつくろうよ」と言うと，ヤスシも「つくろう　つくろう」と誘いにのり，一緒に作ったカタツムリを器にのせて，ままごと遊びがはじまります。

　タカオとヤスシは特にことばを交わすことなく，並んで粘土遊びをしていたのですが，タカオが保育者に粘土で作ったカタツムリを見せると，ヤスシも同じように作ったカタツムリを保育者に見せています。この保育者への「みてて」発話をきっかけにタカオとヤスシは，互いに作ったモノを見せてうなずき合い，一緒に遊ぶというかかわりを生み出しています。そこには，「カタツムリごはん」というタカオの新たな発想も生まれ，その発想を共有するヤスシがいます。ここには，見せるだけで終わらない，互いに見せ合いうなずき合いながら一緒に遊ぶ新たな関係が生まれていることを感じさせられます。

　6月下旬から7月にかけて見られていたのが，「みてて」発話についてその深さを考えていくきっかけになったエピソードであり，すでに先に紹介したエピソード【1-1：はい　カレーライスです】と【1-2：できた　できた】

です。エピソード1－1は発話児のイメージの提案とそれを受け入れ共有する発話相手の様子が読みとれました。そこには,「みてて」発話がきっかけとなり,やりとりを交わしながら,結果的に違和感なく仲間入りをして一緒に遊ぶ関係が生み出されています。エピソード1－2では,発話児の「みてて」発話をきっかけに,発話相手の関心が発話児の遊びに向けられ,相互のやりとりを通して,友だちの行為を互いに受け入れながら遊びが展開しています。そこには,「みてて」発話によって何かを見せるだけで終わらない,一般的な「みてて」発話の位置づけを超えて,新たな関係を作り出す過程が映し出されているのではないかと思われます。

　このように,入園当初は,自分の行為を見てもらいたい,自分の存在を認めてもらいたいという子どもの気持ちから「みてて」発話がなされており,これは一般的な「みてて」発話の位置づけに対応しています。しかし,5月に入ると,友だち（他者）の存在を意識する触発的な「みてて」発話も見られ,他者への意識の広がりが見られます。それとともに,「みてて」発話が保育者だけではなく友だち関係にも広がり,何かを見せるだけで終わるのではなく,互いにうなずき合い,イメージを共有し,共感し合う関係が生みだされていきます。さらに,6月下旬から7月にかけて,友だちへの「みてて」発話をきっかけに,やりとりを交わしながら一緒に遊ぶという関係がつくり出されるようになっていきます。

　入園からの1学期間において,「みてて」発話の現象は,子ども（発話児）が発話相手からまなざしを得,賞賛や承認を得るというよろこびや自信にはじまり,次第に他者への意識が広がり,見せることをきっかけに他者と共感し合い,うなずき合う仲間関係が生まれており,＜かかわりをつかむ＞ような過程のあることが見えてきました。

（2）かかわりを深める

　3歳児の2学期になると，友だちへの意識や友だちとのかかわりがより一層深められることによって生まれていると考えられるエピソードが見られます。

エピソード1-10　　みて　みんな　むしがいる

　タカオが保育室から外に出ようとしたとたん，「あ　みて　むしがいる」と言って入口に敷いてあるマットを指さし，「むしだ　ほら　みて　みんな　むしがいる」と叫び，今度は保育室に向かって手招きします。まず，シンとアキが入口に駆けより，シンが「あー　むしー」と言いながら見ていると，保育室にいた他の子どもたちも駆けより，マットを囲むように数人の子どもたちが見入ります。マットにはゲジゲジのような虫がひっかかっています。タカオはマットを足でトントンし，シンは手で触ろうとしますが，手を引っ込めてしまいます。数人の子どもたちが，ワーワー，ガヤガヤと言い合っているところに，保育室に戻ってきた保育者の「どうしたの」という問いかけとほぼ同時に，子どもたちの「むし　むし」という声が響きわたります。興味をもちながらもコワゴワ見入っている子どもたちに，保育者が「棒で捕ろうか」と呼びかけると，マットから捕りあげる様子を子どもたちは息を潜めてじっとみつめ，保育者が捕まえた虫を囲んでさらに見入ります。

　タカオは外に出ようとしたとたんに虫を発見し，保育室にいた数人の子どもたちに向かって「みて　みんな」と不特定多数の友だちに呼びかけています。1学期には何かを見つけると，まず保育者に呼びかけ，保育者の姿がない場合には探して見せるということが多く見られていました。友だちに見せる場合にも，「○○ちゃん　みて」と特定の友だちに呼びかけていました。しかし，エピソード1－10では，保育者を探すこともなく，特定の「○○ちゃん」でもなく，保育室にいる不特定多数の仲間に対し，「みて　みんな」と呼びかけています。同じクラスの友だちという仲間意識が生まれているからこそ，「みんな」という呼びかけが生まれたのではないでしょうか。友だちと一緒に生活しているからこそ育まれるみんなへ向けられた「みてて」発話といえます。エピソード1－8において，園生活を通して，自分だけの世界から自分たちの世界へと徐々に育ちゆく子どもの姿のあることを述べましたが，エピソード1－10は，まさにその育ちを実感させられる姿が映し出されているといえるのではないでしょうか。

　10月には，文脈の方向を切り替えるきっかけになるような，次のエピソードが見られます。

エピソード1-11　**あ　カラスがきた**

　子ども同士のいざこざが生じ，保育者がそれぞれの言い分をじっくりと聞きながら，マサルとルミに互いに謝罪するように諭しますが，マサルは「だって　ルミちゃんが○○いうからだよ」と主張し，ルミも「マサルくんがひっぱるからだ」と言って互いに譲りません。保育者はさらに耳を傾けながら諭しますが，互いに後に引けず沈黙状態になっていたそのとき，突然マサルが「あ　カラスだ　カラスがきた　みて　みて」と言って入口を指さします。保育室の入口付近に大きなカラスがやって来て歩いているのです。ルミと保育者，さらに他の子どもたちもマサルの叫びに「わっ」と言って見入ります。保育者が「ほんとだ　カラスだ」と言い，子どもたちがワーワーと言っていると，カラスがバサッと音をたてて飛んでいきま

した。ルミがマサルに「すごかった！」と言うと，マサルもうなずきます。互いに顔を見合わせてから，マサルが保育者に「もうやらない」と言うと，ルミも「ルミちゃんももうしない」と言って，互いに譲らなかったことがうそのように笑い合っています。

　マサルとルミが互いに譲れないでいるところに，突然カラス騒ぎが入り込み，険悪ムードが一挙に中断されます。マサルの「みて」は，結果的に後に引けなくなっていたふたりの関係を解きほぐすきっかけになっているといえます。互いの意地の張り合いは，「みてて」発話によって方向を切り替えるきっかけとなり，関係の仲立ちの役割を果たしているといってもよいのではないでしょうか。同時に，保育者が「ほんとだ　カラスだ」とマサルの「みてて」発話を受け入れていたことも切り替えのきっかけにつながっているといえます。もし，保育者が仲直りを優先し，マサルの「みてて」発話を遮断していたら，マサルとルミの笑顔は生まれなかったかもしれません。保育者の一言があったからこその切り替えであることを忘れてはならないと思います。

　10月半ば過ぎには，「みてて」発話がきっかけになって，互いに真似をしたり，考えを交わし合ったりと，友だちとのやりとりがさらに深まり，遊びが持続しながら発展していく姿が見られます。

エピソード1-12　交互にポーズ

　ミキ，モエ，マヤがままごと遊びをしているところに，ヤスシが「ピンポーン」と言ってさかなの絵本を持って入ってきます。ヤスシが絵本を開いて「みてて」と言いながら絵本を指さしポーズをとると，ミキ，モエ，マヤもヤスシのポーズを真似します。ヤスシがまた「みてて」といってポーズをとると，「それはちがうよ　へびだよ」と言う大きな声がモエから返ってきます。この真似し合うやりとりが続いた後，「しゃしん　とってあげるからね」とミキが言い，モエ，マヤ，ヤスシがポーズをとります。「みて」と今度はマヤがひとりでポーズをとると，ミキはまた写真を

撮る真似をし，モエ，ヤスシも交互にポーズをとります。ミキは「こっち
みて」と写真を撮るための指示をしながら，シャッターを切る真似をしま
す。撮り終わると，今度はヤスシが撮る役にまわるというように役割を交
替しながら，写真遊びが続きます。

　ヤスシは3人の女児のなかに入り込み，3人もヤスシの「みてて」発話に応
え，互いに見せ合い，真似し合いながらイメージを共有し，写真撮り遊びが生
まれています。「みてて」発話をきっかけに，仲間入りはもちろんのこと，さ
らにやりとりが深まり，新たな遊びへと展開していく様子が映し出されていま
す。

　このように2学期になると，さらに他者に対する意識やクラスの仲間意識も
生まれ，友だち関係が広がるとともに，やりとりも深まり，持続した遊びへと
発展していくような「みてて」発話が見られています。「みてて」発話の現象
には，周囲の友だちと＜かかわりを深める＞という過程のあることが見えてき
ました。

（3）他者の視点を読む

　3学期になると，友だちの気持ちを探りながら，友だちを遊びに誘い込む
きっかけとして，「みてて」発話が生まれているエピソードが見られます。

エピソード1-13　また　やろうよ

　サヤカが「ルミちゃん　みてて　またやろうよ」と言って，さっきルミ
と一緒にやっていた巧技台から跳び降りる遊びをはじめます。サヤカがも
う一度巧技台に乗り，ルミの方を向くと，ルミも巧技台を上っていきま
す。今度は一緒に手をつないで跳び降り，三角マットの上に転がり，ふた
りで顔を合わせてケラケラと笑い，一緒に遊びはじめます。

　サヤカは，以前にルミと一緒に遊んだことのある遊びをまたやろうとルミを
誘いますが，無理やり誘うのではなく，まずは自分ひとりでやっているところ
を見せ，ルミの意思を問うています。サヤカが2度目にルミの方を向く行為
は，「どう」という誘いかけのように思われます。自分の行為を見せることで
相手の意向を確かめるという，イメージ喚起のための提示の意図が，「みてて」
発話に込められているように考えられます。そこには，相手の心の動きを探り
ながら，関係をつなぐような思考をしているサヤカの姿が映し出されているよ
うに思います。

　3学期も終わりに近づいた3月には，友だちの見る視点や友だちの行為を予
測しながら，友だちの考えを取り込む「みてて」発話も見られます。

エピソード1-14　ラーメンでした

　いつも粘土が入っている缶をマヤが抱えながら，ままごとをしているア
キとルミのところにやってきます。マヤは「ほら　みてて」と言って，ア
キとマヤが注目すると，粘土の缶を開けます。ふたを開けるとマヤは
「ラーメンでした」と言って，なかから黄色の毛糸を取り出して見せます。
「あれー」と驚いたようなアキとルミの表情を確認するかのような微笑を
見せてから，マヤは別の遊び集団のところへ行き，また同じように粘土の
缶を開け，友だちをびっくりさせて回ります。

　マヤは，通常粘土が入っているはずの缶から違うモノを取り出すことで，相

手に意外性を示して楽しんでいます。ここには，友だち（他者）が缶には粘土が入っているはずだと思っていると考えているマヤの考えが反映しています。他者が何を想像するかを他者の視点でとらえたマヤの姿が映し出されており，そのマヤの予想があったからこそ生まれた「みてて」発話といえます。友だちをびっくりさせて回っているのも，意外性を楽しむところにマヤの遊びの意味があるからであり，そんな遊びができるのも，マヤが他者の視点に立って考えることができるようになっているからこそといえるでしょう。

エピソード1-15 **こんど　アキちゃん**

　アキがトランポリンのそばで跳んでいるマサルに向かって「こんど　アキちゃん」と交替を要求していますが，マサルはなかなか止めずに跳び続けています。アキが「ねぇ　みててごらん　アキちゃんやるから　こんどはみてて」と言うと，マサルはトランポリンから降りたのです。アキは「みててね」と念を押すように言って跳びはじめます。マサルは一瞬アキの跳ぶのを見ますが，別のところに移動してしまいます。アキは，マサルには目を向けずに，そのまま跳び続けています。

　アキはトランポリンの交替を申し出ますが，すぐには変わってもらえませんでした。そこで，アキは，マサルが見る側になるように交替を申し出ます。マサルに見てもらいたいというより，マサルが見る側になることで交替可能になると考えて呼びかけたのかもしれません。なぜなら，もし，マサルに本当に見てほしければ，マサルが去るときに見てほしいことを要求するはずだと思うのです。しかし，マサルがいなくなっても，そのマサルを見ることもなく，そのまま跳び続けるアキの姿があり，トランポリンを跳びたいという思いの方が強かったのでしょう。それにしても，マサルが見る側になるという他者の視点から思考して生み出されているアキの「みてて」発話には，見せることを超えた策略的な要素も感じられます。マサルは，そろそろ交替してもいいと思っていたころだったのかもしれませんが，アキが策略的な思考をしているところに，

22

この「みてて」発話のおもしろさがあるのではないかと思います。園という集団生活のなかで，関係をうまく進めていくための知恵が育っていることも感じさせられます。

エピソード1-16　ここへん

　シンが紙でピストルを作っていますが，2本の紙筒を直角にテープでつけるところがなかなかうまくいきません。シンは数回，他児に応対している保育者の方をちらちらと見ます。それから保育者に近づき，「ねぇ　せんせい　みてて」と言ってピストルを撃つ真似をしながら，「ここ　へんなんなっちゃった」と言って，保育者に差し出します。保育者は「あらいいのできたじゃない」と言いますが，「ここへん　みてて」と言って，もう一度ピストルを撃つ真似をして見せます。保育者が「持つところかな」と言いながら，シンと一緒に工作コーナーに行き，紙筒を押さえながらシンにテープで止めるように促します。シンは「やったー」と言って軽く跳びはねながら，もう一度撃つ真似をして笑顔を見せます。

　シンは，なかなかうまくピストルの取っ手をつけることができず，数回保育者の方を見ている様子から，保育者の手を借りたいという思いが生まれていたのでしょう。しかし，「できないからやって」とストレートに援助を求めるのではなく，うまくできない状況を見せて確認してもらい，その上で手を貸してもらおうという，あえて自慢できる状態ではないピストルを見せています。簡単には先生は手を貸してくれないということを経験から感じていたのかもしれません。先生にやってほしいという思いをいったん留保し，うまくいかない状況を保育者に見せ，その状況を理解してもらえば，せがまずとも保育者は手を差し伸べてくれるという，他者の行為の予測に基づく策略的な援助の要求といってもよいかもしれません。また，そんなシンの思いを察し，「持つところかな」と静かにシンの思いを受け止めていた保育者のいることも忘れてはならないと思います。

　このように3学期に入ると，遊びの勧誘や意外性の提示，遊具の交替，援助の要請など，他者の視点や他者の考えていることを予測しながら，策略的とも思えるような「みてて」発話が生まれています。これは，3歳児が他者の考えや思いをそれなりに理解しようとしながら，自分の欲求をどのようにすれば満たすことができるのかを，相手との関係のなかで思考していることが反映して生まれているのではないでしょうか。他者の視点に立つという育ちが，園という集団生活のなかで育まれていることを感じます。

　入園した3歳児の1年間における「みてて」発話をみつめてみると，賞賛や承認を得るという一般的な「みてて」発話の位置づけに留まらず，他者との関係をつかみ，関係を深め，さらに他者の気持ちを探ったり，他者の視点に立って思考したりという，さまざまな現象のフェーズが見えてきました。そこには，「みてて」発話のやりとりが，複雑化し，多様化していく過程があることが見えてきたように思うのです。

　次の章では，「みてて」発話の現象における多様化，発話相手や対象にも目を向けながら複雑化していく構造など，「みてて」発話から読みとる子どもの心の世界をさらに探ってみたいと思います。

【注】

1）「みてて」は＜見ていてほしい＞という対象に見ている状態にあることを要請することばであり，「みて」は見る対象を指示したり，提示したりすことばといわれています。このように「みて」と「みてて」には，文法上異なる意味合いが含まれており，同義ではありません。しかし，観察したエピソードにおいては，たとえば，鉄棒にぶら下がっている子どもが，その状態を見せようとして，「みて」という場合と「みてて」という場合があります。また，「先生みて　ねぇみてて　みて」と「みて」と「みてて」がひとつの文脈のなかで繰り返されている場合もあります。このように「みて」と「みてて」の用い方は，私が観察した子どもたちのなかでは厳密には区別されているとはいえず，混同されている場合もあると考えられます。そのため，本書においては，「みて」と「みてて」の両方を含めて，「みてて」発話と呼ぶことにします。

2）綿巻　徹「言葉の使用からみた心の交流」丸野俊一・子安増生編『子どもが「こころ」に気づくとき』p.152，ミネルヴァ書房，1998年。

24

3） 同上，p.164。
4） 福﨑淳子『園生活における幼児の「みてて」発話』p.11-12，相川書房，2006年。
5） 鯨岡　峻『関係発達の構築』p.196，ミネルヴァ書房，1999年。
6） 今井和子『子どものことばの世界』p.44，ミネルヴァ書房，1997年。

第2章
「みてて」発話から探る子どもの心の世界

　前章において，入園した3歳児を対象に観察された「みてて」発話を探って
みると，賞賛や承認を得るという一般的な「みてて」発話の位置づけに留まら
ず，他者との関係をつないでいくためのさまざまな現象のフェーズが見えてき
ました。そして，その現象の背景には，複雑に織りなす子どもの心の動きが作
用しているのではないかと思われます。

　本章では，1章とは異なる新たな入園児を対象に卒園までの3年間を縦断的
に観察し，そこで得られた「みてて」発話にまつわるエピソードをひもときな
がら，「みてて」発話の現象の多様化とともに他者との関係をつないでいく過
程をみつめてみます。その過程から，どのような子どもの心の動きが読みとれ
るでしょうか。「みてて」発話を通して，子どもの心の世界を探ってみたいと
思います。

1．現象の多様化

　新たな入園児を対象に，どのような「みてて」発話が見られているかを整理
してみると，3歳児の1年間においては，1章で見られたのとほぼ同じような
現象のエピソードが生じていることがわかりました。そこで，本章では，新た
な特徴が示唆されるエピソードを織り込みながら，入園から卒園までの3年間
における「みてて」発話の現象の流れをまとめてみたいと思います。

　入園当初の4月は，1章（エピソード1-3～1-5）と同様に承認や賞賛を得
るために，まずは保育者に対してなされる「みてて」発話が多く見られます
が，友だちへの「みてて」発話も生まれています。この現象は，自分の行為を

いたい，自分の存在を認めてもらいたいという思いから生まれているのでしょう。このような「みてて」発話は，一般的な「みてて」発話の位置づけに値しており，保育者や友だちのまなざしから共感を得ることによって満足感やよろこびが生まれ，自分への励みや自信につながっていると考えられます。その意味で，「みてて」発話のやりとりは，入園当初の子どもにとって，安定した園生活を送っていくための支えにつながる役割を担っている側面もあるといえるでしょう。5月に入ると，第1章エピソード1-6と同様に「私だってできるんだから」という触発的な「みてて」発話が見られており，他者への意識・関心の広がりが少しずつ感じられるようになります。そんななか，友だちの遊びをじっと見ることで他者に関心を寄せるという次のような「みてて」発話（3歳児5月）が見られました。

エピソード2-1　じっと見ている

　サエは，ガクとショウが保育室の廊下に置いてある跳び箱の上に乗って，立ったりしゃがんだりしてガラス越しに顔を覗かせている様子を，窓から少し離れた保育室内で，両足を前に出してじっと見ています。そのうち，近くにいた観察者に「みててねぇー」と小声で呼びかけてから，ガクとショウの方を指さします。観察者がサエの指さした方を見て「あ，かくれたね」と言うと，サエは観察者の方を見てうなずき，もう一度ガクとショウの方を指さします。「あ，こんどはガラストントンしてるんだ」と観察者が言うと，サエは観察者に「ね」と言いながら，ガクとショウの遊びをじっと見続けます。

　サエは，ガクとショウと一緒に何かをして遊んでいるわけではありませんが，ふたりの遊びをじっと見ています。サエが発した観察者への「みててねぇー」という小さな一言には，サエのどんな思いが込められていると思われますか。そこには，「みていて，これから2人がすることを」という観察者との共有・共感への願いとともに，ふたりが次に何をするかを予測しているサエ

の姿があり，予測への期待感も込められているように思います。その期待感
は，観察者が「こんどはガラストントンしているんだ」と言ったときにサエが
発した「ね」という助詞に反映しています。サエは，ガクとショウとは物理的
には離れていますが，予測的中の楽しさを味わいながら心理的にはふたりの遊
びのなかに入り込み，一緒に遊んでいるといえるのではないでしょうか。クラ
スの仲間への関心が芽生えているからこそ，生まれた「みてて」発話なのだと
思います。

　このように友だちへの関心が少しずつ広がり，仲間入りや真似をするかかわ
りも「みてて」発話をきっかけに生まれています。そして，1学期の終わりこ
ろには，一方的に見せるだけでなく，「みてて」発話をきっかけにうなずき合
い，やりとりを交わしながら一緒に遊ぶ（第1章　エピソード1-7～1-9に対応
する現象）という方向に進んでいきます。

　2学期も，1学期以上に遊びが持続しながら発展し，他者への意識を一層深
めていることが，「みてて」発話からも感じられるようになります（第1章　エ
ピソード1-10～1-12と対応する現象）。クラスの仲間という集団意識をもつみ
んなに向けられた「みてて」発話や，自分と友だちとの力関係を感じとってい
ると思われる「みてて」発話，あるいはことばにできない思いを伝える「みて
て」発話など，園という集団生活だからこそ育まれる仲間に対するさまざまな
思いや願いが，「みてて」発話に込められている様子が窺えます。ここでは，

思いを伝える次のエピソード（3歳児9月）を紹介したいと思います。ただし，このエピソードは，少し長い文脈でとらえたものですので，「みてて」発話の含まれるエピソードをまず紹介し，その後に，「みてて」発話が生まれた背景となる前の文脈にもどる形で紹介していきます。

■ エピソード2-2a　　ねぇ　レナちゃん　みて

　アイはおもちゃのミカンを脇に置いて，ひとりでままごと遊びをしています。そこへ園庭から保育室にもどって来たレナがアイのそばを通りかかったとき，アイが「ねぇ　レナちゃん　みて」と言って急いで立ち上がり，赤いトマトのおもちゃを載せたお皿をレナに差し出します。レナはちらっと振り向きますが，「いらない」と言って廊下側の入口に向かって歩いて行きます。アイはレナの後を追いながら，「みて　これあげるー」と言いますが，レナはそのまま保育室を出てしまい。アイは小さな声で何かをつぶやきながらお皿を持って元の場所にもどります。しばらくするとまたレナが他の友だちと一緒に保育室に入ってきます。するとアイもまた立ち上がって「レナちゃん　みて　トマトあげるって」と繰り返しレナに差し出します。レナも一瞬立ち止まりちらっと振り向きますが，「いいよ」と首を振り，友だちと一緒に小走りで廊下へ出ていきます。お皿を持って立っているアイと，ロッカー前で子どもとブロック遊びをしている観察者と目が合うと，アイが観察者のところにお皿を持ってきて「ほら」と差し出します。観察者が「おいしそうなトマトね」と言うと，「だめ」と言ってお皿をアイの胸に引き寄せ，ままごとコーナーにもどっていきます。すぐ後に「せんせい　はい」と言ってケーキを載せたお皿を，また観察者に差し出します。観察者が「どうもありがと」と受け取ると，アイもうなずきます。その後もアイは，ままごとコーナーにもどっては，トマト以外のモノをお皿に載せて観察者に持ってくることを数回繰り返します。

　レナの姿を見たとたん，アイは「みてて」発話によってレナを呼び止め，そ

　の度にレナにトマトを載せたお皿を差し出しており，なんとかレナにトマトを渡そうとしているアイのけなげな思いが窺えます。しかしレナには受け取ってもらえず，立ちすくんでいるときに，観察者と目が合います。レナに受け取ってもらえない虚しさのようなアイの思いが，「ほら」ということばによって一瞬観察者に託されたように思われます。しかし，観察者に差し出しながらも「だめ」と渡すのを拒んでいます。アイは，なぜ，拒んだのでしょう。そこには，おそらく「これはレナちゃんにあげるトマト」という思いがあるのではないでしょうか。観察者という代替えでは納得できないレナに対する何らかのアイの思いが，そこには込められているのかもしれません。その後，観察者にトマト以外のモノを持ってくるアイの行為も，レナに受け取ってもらえないことに対する何らかの思いが反映しているからでしょう。しかし，観察者のところに持ってくるのがトマト以外であることを考えると，いかにトマトにこだわっているかが推測されます。これほどまでにこだわるアイのトマトを差し出すときのレナに対する「みてて」発話は，いったいどのような気持ちから生み出されているのでしょうか。このエピソードの前の文脈から，アイとレナの心の動きをみつめてみたいと思います。

エピソード2-2b　　だめ　アイの（エピソード2-2aの前の文脈）

　ままごとコーナーのところで，アイがひとりでままごと遊びをしています。コーナーの机の上には，果物や野菜のおもちゃの入った箱や粘土の箱などが置いてあります。アイがひとりで遊んでいるところに，レナがやって来て，コーナーに置いてある箱のなかからミカンを取ろうとします。するとアイは「だめ　アイの」と言って，レナが手にしたミカンを取り上げ，自分の脇に置きます。レナは，アイに「貸して」と頼みますが，アイに断られ，今度はトマトを手にしながら「貸して」と頼みますが，またもアイに「だめ　アイの」と言われてしまいます。レナは再度懇願しますが，アイからは「ナスならいいよ」とナスを差し出されます。レナは少し語気を強めて「いらない！」と言ってアイの差し出すナスを振り切り，保

育室から園庭の方へ駆けていってしまいます。アイは，レナの出ていく後姿を目で追いながら，トマトをお皿に載せて机の上に置き，「あげようと思ったのに」とつぶやきます。

　ひとり遊びをしているアイの近くに置かれた野菜のおもちゃ箱から，レナは，はじめはミカンを，次にトマトを借りようとします。しかしアイは，優先権を主張してレナには譲らず，懇願するレナにナスならば，と言って差し出しています。しかし，逆に語気を強めてレナに断られ，レナが去った後に「あげようと思ったのに」とつぶやくアイがいます。アイにとってミカンとトマトはどうしても使っていて貸せないモノというよりも，おそらくレナが欲しがるから渡したくなくなったモノなのでしょう。保育室を去るレナの後姿を目で追いながらつぶやいたアイの「あげようと思ったのに」ということばには，怒ったレナの気持ちを思いながら，後悔と謝罪する気持ちも込められていたのではないでしょうか。

　2－2aのエピソードに見られるアイのトマトを渡そうとして発した「みてて」発話は，このようなアイとレナのいざこざの文脈があって生まれた発話だったのです。「もういらない」と語気を強めたレナの怒り，その気持ちを推し量るアイのレナへの謝罪の思い，でも「さっきはごめんね」とことばでは謝れないアイがおり，その思いが「みてて」発話となって示されたのではないでしょうか。しかし，レナには受け入れてもらえず，その気持ちを観察者に向けることで気持ちを紛らわせたのかもしれません。トマトにこだわるアイの行為は，レナの怒りの気持ちを推し量る心の動きの深さによって生まれていたように思えてなりません。でも，レナが欲しがったのはトマトだけではなく，初めはミカンでした。では，アイは，なぜ，トマトにこだわったのでしょうか。レナはアイの近くにあった箱の中からミカンを取ろうとし，そのときアイが使っていたわけではありません。ですからアイにとってミカンはどうしても必要なモノというわけではなかったはずです。でも渡したくないという思いから，とりあえずミカンを脇に置いたのでしょう。次にレナが欲したトマトも同じ状況

であり，欲しがるレナの存在によって，トマトもミカンも，アイのそばに置いておく意味が生まれたのでしょう。つまり，両方とも渡したくないという拒否感なのだと思います。一方，これならば，とアイが差し出したナスは，レナが欲しがったものではありません。そのため，そのときにはミカンやトマトほどの価値がなかったのでしょう。このような流れのなかで，アイがレナによってナスを拒否された後に「あげようとおもったのに」とつぶやいたそのとき，お皿に載せたのがトマトだったのです。じっとトマトをみつめるアイの姿を思うと，これがトマトにこだわるきっかけになったのかもしれません。レナにトマトを差し出すアイの「みてて」発話には，「さっきはごめんね」というレナに対する謝罪の思いが込められており，その思いを必死にレナに伝えようとしたのではないでしょうか。しかし，今度はレナが拒否しています。おそらくレナも素直に受け入れられなくなっているのでしょう。このような子どもの微妙な心の動きのぶつかり合いが，みてて発話に反映していることを感じます。

　2学期終わりころに，自分に対して「みてて」とつぶやき，周囲にいる友だちには何も見せることなく一心に遊び続けている次のようなエピソード（3歳児12月）が見られています。

■ エピソード2-3　　みててねぇ

　工作机で数人の子どもたちが色紙を切って遊んでいましたが，そのうちジュンひとりだけになってしまいます。ジュンはひとりで遊びを続けながら，切った色紙を空箱に貼りつけはじめます。トモがそばにやって来て，机に手を置きジュンを見ますが，ジュンは，トモを見ることもなくそのまま遊び続けています。そのうちトモは机から離れ，保育室を出ていきます。ジュンは変わらず色紙を切っては空箱にくっつけ，さらに空箱をセロテープで留めながらつなげていきます。しばらくすると，「みててねぇ」というジュンの小さな声がします。このとき，工作机の近くにはサオリとアイとガクがいますが，ジュンはそちらに目を向けることはなく，3人もジュンの方を見ることはありません。ジュンは，そのまま同じように色紙

> を切っては空箱に貼りつけ，箱をさらに長くつなげていきます。

　工作机での色紙切りは，当初ジュンを含む数人の子どもたちが並んでやって
いたのですが，いつの間にかジュンひとりになっています。ジュンはひとりに
なってもこの遊びを止めることはなく，トモがそばに来ても振り向かずに続け
ています。そして，ジュンの色紙を切る遊びは，ただ切るだけでなく切った色
紙を空箱に貼りつけ長くつなげていく方向へと発展しています。そのひとり遊
びの最中に「みてて」発話が生まれたのです。しかし，発話後のジュンには，
つなげた空箱をだれかに見せる素振りが全く見られていません。近くにいた3
人の子どももジュンの「みてて」発話に反応していません。では，このジュン
の「みてて」発話は，いったいだれに対して呼びかけられたのでしょうか。

　これまでの「みてて」発話は，発話前後に見てもらうこと，あるいは見ても
らったことを確認するかのように，発話児の視線は，発話相手の方を向いてい
ます。見てもらえないときは，発話相手が振り向くまで「みてて」発話を発し
続けたり，発話相手のかたわらまで行って見せたり，発話相手を変えたりして
います。しかし，ジュンにはその素振りが全く見られず，「みてて」発話後も
黙々と一心にひとりで遊び続けています。そして，ジュンの「みてて」発話
は，つぶやくように発せられており，だれかに見てもらいたいというわけでは
ないように思われます。その様子から考えると，発話相手はその場には存在せ
ず，ジュン自身あるいは頭の中に想定した誰かが発話相手になっているのでは
ないでしょうか。一心不乱に色紙切りをするジュンの姿を思うと，ジュン自身

の心に向けた「みてて」発話ではないかと思われます。このように，「みてて」発話が内言化される可能性があることも考えられます。

　3歳児の12月後半から3学期にかけては，遊びに誘い込むきっかけとしての「みてて」発話，他者がどのように対応するかを想定しながら発せられる「みてて」発話，策略的とも思えるような「みてて」発話など，1章での3歳児とほぼ同じような，他者の気持ちを探り，他者の視点に立つ思考から生まれた「みてて」発話が見られています（第1章　エピソード1-13～1-16に対応する現象）。そして，4歳児に進級した5月はじめには，次のような「みてて」発話（4歳児5月）が見られました。

エピソード2-4　お兄ちゃんになったんだ！

　ゴウがホールの隅に置いてある高めの跳び箱の上から，ぴょんと跳び降りる遊びをしていると，3歳児がそばに来てゴウの方を見上げて見ています。3歳児がじっと見続けていると，ゴウは跳び箱の上から，離れたところにいる保育者に向かって「せんせーい　みててー」と叫んで，勢いよく跳び降ります。保育者から「みてるよー」「わー　すごいね」という声が聞こえてきます。しかし，ゴウは保育者の方は見ずに，跳び降りるとすぐに3歳児の方を向いて得意そうな顔を見せています。ゴウはまた跳び箱に乗り，今度は「シュワッ」と言いながらポーズをとって跳び降り，また3歳児の方を見ます。ゴウは，友だちが来るまでこの遊びを繰り返し，その度に跳び箱のそばでじっと見ている3歳児の方に目を向けています。

　ゴウの「みてて」発話は，保育者に向けてなされていますが，発話後の視線は保育者ではなく，年下の3歳児に向けられています。このゴウの視線を考えると，3歳児を意識してなされた「みてて」発話であることがわかります。発話後得意そうな表情で3歳児の方をみるゴウの姿を思い浮かべてみてください。「すごいだろう」と優越感に浸るゴウの思いが伝わってきそうです。5月はじめという時期を考えると，年中組になったというゴウのお兄ちゃん意識も

推測されます。では，なぜゴウは，直接3歳児に対してではなく，離れたところにいる保育者に向けて「みてて」発話を呼びかけたのでしょうか。おそらく，じっとゴウの行為を見続けている3歳児が「すごいなー」とゴウを見ていることを，ゴウ自身も感じとっていたのではないかと思います。その3歳児の気持ちを推測し，さらにすごいところを3歳児に見せようとするゴウの思いが，保育者への「みてて」発話になったのではないかと思われます。ゴウは，「みてて」と保育者に呼びかけることで，保育者から賞賛を得られることを予測していたのではないでしょうか。だからこそ，保育者に対して「みてて」発話がなされたのでしょう。保育者から承認や賞賛を得ることで，直接3歳児に「みてて」と呼びかける以上の効果（先生がすごいと褒めてくれている）をもたらし，3歳児をより強く引きつけられると思ったのではないでしょうか。再度跳び降りたときにポーズをとって3歳児の方を見るゴウの姿には，その効果を得，さらに高められたゴウの優越感とお兄ちゃん意識が反映しているように思われます。そこには，じっと見続ける3歳児のまなざしを感じとりながら，離れたところにいる保育者のまなざしをも取り込むゴウの姿が映し出されているように感じます。また，3歳児の1年間で育まれた保育者への信頼（自分を見てくれているという信頼）があってこそ，生み出された「みてて」発話なのではないでしょうか。

　その後の4歳児クラスにおいても，自分の気持ちを「みてて」発話に託して伝えようとするような「みてて」発話（エピソード2-2a, b）が見られており，現象の複雑化が見られます。子どもたちは，園生活を送りながら，友だちと共有・共感する楽しさだけでなく，触発し合ったり，策略的思考を試みたり，ぶつかり合ったりする体験を積み重ね，友だちとの関係を深め，心が育っていく過程のあることを感じます。そして，このような「みてて」発話を重ねながら，4歳児の5月半ばには，観察者である私の心を読みながら自分の気持ちを「みてて」発話に託して伝えようとするエピソードが見られます。さらに，5歳児の11月には，沈んだ友だちの心を読み，いたわり励ますという気持ちの込められたエピソードも見られています。ここには，他者の心を思い，心をつ

なげようとする発話児の思いが託されているように思われ，私にとっても忘れることのできないエピソードです。このエピソードも長い文脈の中でとらえられていますので，先のエピソード（2－2a, b）と同じように，はじめに「みてて」発話の含まれるエピソードを紹介し，その後に，「みてて」発話が生まれた背景となる前の文脈にもどる形で紹介していきます。では，まず，観察者である私に向けられた「みてて」発話のエピソード（4歳児5月半ば）です。

エピソード2-5a　小さな声でみてて

　降園時に，ピロティには子どもたちがクラスごとに一列に並んでいます。私（観察者）がユウキの忘れ物をピロティに届けに行くと，4歳児クラスの列の後ろにいたミユが，「ふくざきせんせい　みてて」とやっと私に聞こえるくらいの小さな声で呼びかけ，カバンについているマスコットの手を振りながら私の方を見ています。私もうなずいて手を振り「ミユちゃん　さよなら」と言うと，ミユもとてもうれしそうな顔をして，自分の両手を大振りし，私の目を見てにこっと笑いながらうなずき返します。そして，今度は元気いっぱいの声で「ふくざきせんせい　さよなら」という返事が返ってきます。

　ミユは，カバンについているマスコットの手を振ってそれを私に見せているのですが，ミユが指し示して見せているモノはマスコットであり，マスコットの手を振ることで私への別れのあいさつの意が込められていることがわかります。そして，小さな声で呼びかけられたミユの「みてて」発話に私が「さよなら」と応じると，ミユの声は元気になっています。私が呼びかけに応じたからだと思われますので，「みてて」発話に別れのあいさつが託されていたことは確かでしょう。しかし，なぜ，ミユの最初の呼びかけが私にやっと聞こえるくらい小さな声だったのでしょうか。また，なぜ，マスコットの手を振って見せたのでしょうか。そのミユの思いをひもとくために，この前になされたミユと私のやりとりを見てみましょう。

36

エピソード2-5b　あっちいって（エピソード2-5aの前の文脈）

　帰り支度のクラス集合の時間に，ミユ，マチ，タイトが園庭からなかなか保育室にもどって来ないので，観察者（私）が「サト子先生のお話，はじまるわよ」と，3人を呼びに行きます。マチとタイトは，すぐに駆け足で保育室に向かいますが，ミユは「ここにいる」と言って動きません。私は「じゃあ　先生，先に行ってるね」と言って，その場を離れます。保育室にもどる途中で私が振り向くと，ミユは私の方を見ていましたが「あっちいって」と叫び，後ろを向いてしまいます。私が保育室の入口に入りかけたところでもう一度振り返ると，ミユは園庭の真ん中まで来ていましたが，さっと急いで逆もどりします。私が保育室のなかに入ってからまた振り返ると，ミユも入口まで来ていたのですが，今度はさっと背をかがめて隠れてしまいます。私が気づかないふりをすると，私の視野に入るところまで小走りで近づいて来てから，さっと園長室に駆けていきます。

　ミユは「ここにいる」と主張しながらも，私の後を追って少しずつ保育室に移動していますが，私が振り向くと逆もどりしたり，背をかがめて隠れたりしています。私が気づかないふりをすると，わざわざ私の見えるところまでやって来てから園長室に駆けていくという，まさに私の気を引くような行動が続いています。このミユの一連の行動は，保育室にもどりたくないというよりも，私が振り向くことを察しながら，私とのやりとりそのものを楽しんでいるように思われます。おそらく担任とは異なる立場にいる観察者というありようを意識してのミユの行動であり，私への甘えもあるのかもしれませんが，私がどう出るかを試しているのではないでしょうか。さて，園長室に駆けて行ったミユは，いったい何をしていたのでしょうか。

エピソード2-5c　えんちょうせんせいにかえさなくちゃ
（エピソード2-5bに続く文脈）

　私（観察者）が園長室に行くと，ミユは私の顔を見ながら少し笑みを浮

かべて「おこられるからかえる」と言って，自分から私と手をつなぎ園長
室を出ます。しかし，保育室にもどる途中で，ミユは私に「あ　みて　え
んちょうせんせいにかえさなくちゃ」と言いながら私にボールペンを見
せ，さっと園長室に駆けていきます。少し待ってもミユがもどって来ない
ので，私も再度園長室に行くと，「ここにいる」と言いながらボールペン
で何かを書いています。私は「もう　お部屋にいくね」と少し語気を強め
てミユに言い，園長室を離れます。間もなく降園時間になり，4歳児クラ
スの子どもたちはピロティに向かいます。保育者がミユの帰り支度を持っ
て園長室に行くと，ちょうど園長室から園長先生と一緒に出てきたミユと
出会い，降園支度をしてピロティに向かいます。

　ミユを迎えに園長室に行った私に対し，ミユは「おこられるからかえる」と
少し笑いながら言っています。このミユの笑みには，私が追いかけてくること
を予測し，待ってましたといわんばかりのミユの気持ちが反映しているように
思われます。そして，私と手までつないで保育室にもどりかけるのですが，
持っていたボールペンを園長先生に返さなくてはということで，園長室に戻っ
てしまいます。持って来てしまったモノは返さなくてはいけないという正当な
理由を私に訴えることで，園長室に戻る状況をミユ自身が作り上げています。
ちょっとした策略的行為ともいえそうですが，どこまで私に甘えられるかとい
うミユの駆け引きともいえるでしょう。そして，この駆け引きは再度私が呼び
に行ったときにも続いています。「ここにいる」と言うミユの主張には，園長
室にいたいというよりも，私をてこずらせること自体を楽しんでいるミユがそ
こにいるように思われます。
　このように2－5aのエピソードの前には，私を散々てこずらせたミユの一
連の行動があります。また，帰り支度を持って来てくれた保育者に対して，
「ふくざきせんせいは」と尋ねていたそうです。おそらく，私のことがとても
気になったのでしょう。2－2aの「みてて」発話は，このような文脈の流れ
のなかで生まれたことを考えると，ミユの小さな声には，私が応じてくれるか

38

どうかという不安と期待が込められていたのではないでしょうか。そこには，最後に語気を強めた私の心を察するミユの心の動きが感じられ，私への謝罪と関係を修復しようとするミユの思いが反映しているように思えます。直接的なことばによる謝罪ではありませんが，マスコットを媒介にすることで，精一杯の謝罪の意を私に示してくれたのではないかと思います。私と心をつなげようとしたミユの思いが，手にふれるように今でも感じられます。

　また，このエピソードでは，私とミユとの状況を悟った園長先生が，私が去った後ミユと向かい合い，その心の動きを支えてくださった過程のあったことも，２－５ａの「みてて」発話を生み出す上で大きな意味をもっていたはずです。園長先生が，「ここはまかせなさい」と私に目くばせしてくださったときのさりげない示唆の重さを改めて感じています。

　次は，5歳児11月に見られたエピソードです。

─ **エピソード2-6 a**　みてて　ルイちゃんじょうずだよ ─
　絵本コーナーの前で，ルイがリボンのついた棒をレナからもらい，その棒を回転させながらくるくるっと回って踊っています。レナもルイと一緒に踊りながら，近くに来た観察者（私）に向かって「せんせい　みててルイちゃんじょうずだよ」と呼びかけます。私が「ほんと　上手に回ってるね」と言うと，レナはルイの方を見ながら「やったね」とでもいうようにうなずき，笑顔で一緒に遊びを続けます。

　レナはルイと一緒にくるくる回りの遊びをしているときに，私（観察者）に対して「みてて」発話を発していますが，その見てほしい対象は，レナ自身ではなくルイの行為に対してなされています。「上手に回ってるね」という私の賞賛を得ることで，レナはルイとの遊びを盛り上げようとしているかのようです。そこには，レナのどんな思いがあるのでしょうか。この前の文脈を見てみましょう。

┌─────────────────────────────────────┐

エピソード2-6b　　てつぼうってむずかしいね
（エピソード2-6aの前の文脈）

　園庭で，マチ・リナ・レナ・マイがリボンのついた棒を持って遊んでい
ると，その近くの鉄棒でずっと前回りをしていたルイが，女児たちに向
かって「ねぇ　みてて」と呼びかけ，前回りをして見せます。ルイが回り
終わったところで「わー」と女児たちが拍手するのとほぼ同時に，サヨが
やって来て「そんなのかんたんだよ」と言いながら，逆上がりをして見せ
ます。さらに数回逆上がりをして得意そうな表情でルイの方を見ます。ル
イも逆上がりに挑戦しますが，足を上にあげてもとても逆上がりにはなり
ません。鉄棒の周りには，女児たちがサヨを囲むようにサヨの逆上がりを
じっと見ています。ルイもサヨの逆上がりを横目で見ますが，何度足を上
げてもできず，「てつぼうってむずかしいね」と捨て台詞のように言い放
ち，保育室の方に走って行ってしまいます。すると，レナもルイを追いか
けるように保育室の方に向かっていきます。

└─────────────────────────────────────┘

　ルイの「みてて」発話は，練習していた鉄棒の前回りができたことで，それ
を見せようと近くにいた女児たちに呼びかけたものであり，女児たちも拍手を
送っています。しかし，ルイの前回りは，サヨの逆上がりという難度の高い行
為によって，いとも簡単に打ち消されてしまいます。ルイも挑戦しますが，
やっと前回りができたルイにとって逆上がりはとても難しい挑戦だったはずで
す。「てつぼうってむずかしいね」という捨て台詞とも思えることばで，ルイ
は，できない自分を諭すかのようになんとか気持ちを収めているようにも思わ
れます。サヨへの口惜しさもあるかもしれませんが，言いしれない寂しさのよ
うな思いも混在しているように私には感じられました。そして，逃げるように
保育室に駆けていくルイのあとをレナが追いかけています。なぜ，レナも保育
室に向かったのでしょうか。そこに，レナのどんな思いがあったのでしょう
か。

エピソード2-6c　ルイちゃん　はい

（エピソード2−6bに続く文脈）

　絵本コーナーのところでしゃがみ込もうとしたルイのところへ，レナがリボンのついた棒を持ったままやってきます。レナは「ルイちゃん　みて」と言って，ルイの前で棒を回しながらくるくるっと身体も回して見せます。ルイがレナの方に目を向けると，レナは「ルイちゃん　はい」とルイに棒を渡します。ルイは気持ちを切り替えるかのようにうなずきながら棒を受け取ると，棒をくるくると回して，レナと一緒に身体もくるっと回して遊びはじめます。

　ルイを追うように保育室に来たレナは，ルイの前で持っていた棒を回しながら踊って見せ，さらにその棒をルイに渡しています。このレナの行為は，どんな思いから生まれているのでしょうか。まるでサヨの触発に沈んだルイの気持ちを推し量るかのようなレナの行為です。でも，レナは，なぜ，踊って見せたのでしょうか。実は，ルイは，日頃からバレリーナになると言って，レナを含む友だちにくるくるっと踊る姿をよく見せています。そんな踊り好きのルイのことをレナはわかっていたのかもしれません。そこには，ことばを越えたレナのルイに対するいたわりと励ましのメッセージが込められているように思えてなりません。また，ルイがうなずきながら棒を受け取る姿には，気持ちを切り替えようとする思いが映し出されているようにも感じられます。レナのルイへの「みてて」発話は，レナとルイの心がつながれた瞬間だったのかもしれません。

　エピソード2−6aにおけるレナの私への「みてて」発話は，こうした背景の後に生まれたものです。単に一緒に遊ぶというだけならば，「ルイちゃんじょうずだよ」とルイの行為に対する賞賛を観察者に求めたりはしないでしょう。エピソード2−6b，2−6cの文脈に続く「みてて」発話だったからこそ，レナの励ましの思いが意味をもって伝わってくるのです。レナは，ルイとサヨとの鉄棒でのやりとりを第三者の立場で見ています。しかし，できない自

分と向かい合うルイの様子をレナ自身もルイの視点で感じとっていたのかもしれません。その気持ちが，私への共感を求める「みてて」発話になったのではないでしょうか。また，観察者である私も鉄棒でのできごとを目にしており，レナの後について保育室に入って来たのですから，このエピソードと間接的にかかわっていたといえます。この間接的なかかわりをレナがどのくらい認識していたかはわかりませんが，できごとを共有したひとりとしての私に向けられた「みてて」発話であった可能性も考えられます。レナは，単に，くるくる踊るルイの行為への賞賛だけを私に求めたのではなく，「ルイちゃんはもう大丈夫だよね」という共感をも得ようとしていたのかもしれません。そんなレナの「みてて」発話には，友だちの心にそっとふれるような深いやさしさをも感じさせられ，私への「みてて」発話によって，ルイへの励ましもより高められているように感じます。ふたりが笑顔で踊っている姿に，ほのかな温かさが漂っているように思いませんか。このようにエピソード2−6aにおけるレナの私に対する「みてて」発話は，ルイへの励ましの思いが込められており，2−6cにおけるレナのルイに対する「みてて」発話は，沈んだルイへのいたわりの気持ちが込められているように感じます。この2つの「みてて」発話は切り離すことはできない文脈としてのつながりがあり，そこには，他者の心を気遣い，その心を修復し，つなげていこうとするレナの心の動きが映し出されていると思えます。

　さらに，エピソード2−6a, b, cの2ヶ月後には，ルイがレナにしてもらったと同じように，今度はルイが他の友だちを励ます「みてて」発話が生まれています。友だちから得た自分を思いやってくれる励ましの体験を，今度は自分が友だちにしてあげる，そんな他者を思いやる心のやりとりが園生活のなかで育まれていることを，「みてて」発話が語ってくれています。

　このように，入園から卒園に至る3年間にわたり縦断的に子どもの「みてて」発話を追い続けてみると，単に見てもらうことを目的にした要求発話としての役割だけではなく，3年間の園生活を通して，現象が複雑化し多様化しながら，他者との心をつなげていく過程のあることがわかります。この「みてて」発話

42

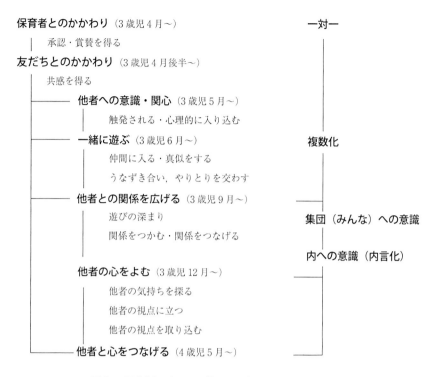

図2　園生活における「みてて」発話の現象の流れ

　の現象の流れをまとめたものが図2ですが，そこには，保育者とのかかわりに
はじまり，徐々に他者とのかかわりを深めていく過程が示されています。

　また，図2に示した「みてて」発話の現象の流れは，新しい現象が生じると
それまで生じていた現象が消えるのではなく，新しい現象とともにずっと生じ
続けています。これは，岡本[1]がことばの発達において「発達的な変化のし
くみは，前の機能や活動が消えてそれに新たに出てきた機能や活動がとって変
わっていくというよりも，重層的な構造をつくって働くようになる」と述べて
いる現象と同じように，「みてて」発話の現象も重層的な構造を成しているか
らではないかと考えています。おとなになっても承認を求める一般的な「みて
て」発話の現象が生まれ続けているのも，この重層的な構造としての「みて

て」発話が機能し続けているからだといえます。

2．見せたい相手は誰？

　1章（図1）で示したように，「みてて」発話の基本的な構造は，発話児の見てほしいという要求により，発話相手が同じモノや現象（対象）を一緒に見るという三項関係から構成されています。ですから，見せたい相手と見せたいモノがあってこそ成立します。では，発話児にとって，見せたい相手は「みてて」と直接呼びかけた相手だけなのでしょうか。見せたい相手だからこそ呼びかけているのですから，見せたい相手に決まっているではないか，という声も聞こえてきそうですが，みなさんはどう思われますか。

　では，発話児の視線から考えてみましょう。発話児が発話相手へ向ける視線の方向には，大きく分けると次の3通りが考えられます。

（1）発話児が「みてて」と直接呼びかけた相手だけを見ている場合

（2）発話児が「みてて」と直接呼びかけた相手を見てから，別の存在を見る場合

（3）発話児が「みてて」と直接呼びかけた相手を見ずに，別の存在を見る場合

（1）の見せたい相手は，まさに呼びかけた相手だと考えられます。呼びかけた相手のまなざしが自分に向けられることに意味をもっており，発話児にとっては，発話相手との一対一の関係であることにも重要な意味をもっていると思います。多くの「みてて」発話は，この（1）に対応していますが，特に入園当初は多く見られています。保育者や友だちからの承認や賞賛・共感を得ることによって，自分の存在が園生活のなかで確かなものに位置づけられていくという側面もあるからでしょう。自分だけに向けられるまなざしは，子どもにとって自分の存在価値にもつながる大きな意味をもっているのではないでしょうか。（2）は，まず直接呼びかけた相手が見せたい相手であり，次に周囲の仲間へも見せたい意識が向けられていると考えられます。第1章で紹介し

た触発的な「みてて」発話（エピソード1‐6　わたしだってできる）はこれにあたると考えます。そこには、直接呼びかけた発話相手との関係だけでなく、周囲の仲間の存在にも意識が向けられています。周囲から注がれる自分へのまなざしを意識することで、他者への意識の拡大とともに集団のなかにいる自分をとらえている場合もあると考えられます。（3）は、直接呼びかけた相手よりも、別の存在に対する見せたい思いの方が強く、本当に見せたい相手はこの別の存在であり、直接呼びかけた相手は、本当に見せたい相手を引きつけるための媒介役になっていると考えられます。前節で紹介したエピソード2‐4（お兄ちゃんになったんだ！）がこれに該当しています。得意そうな顔で3歳児の方を見ていた4歳児の子どもの姿を思い出してみてください。「すごいだろう」というさらに高められた4歳児の優越感とお兄ちゃん意識が漂ってきませんか。このように、「みてて」発話における発話相手は、発話児が呼びかけた相手だけとは限らず、けっして単純ではないと考えられます。そこには、複雑化された「みてて」発話の構造のあることが推測され、同時に子どもの深い心の世界が語られているように感じます。

3．見せたいモノは何？

　次に、発話児の見せたいモノ（対象）について考えてみましょう。三項関係の構造（第1章　図1／発話児‐発話相手‐モノ）を考えると、当然見てほしいモノがあるからこそ呼びかけているのですから、見てほしいモノそのものに決まっ

ているではないかという声が聞こえてきそうです。でも，ちょっと考えてみてください。確かに「みてて」発話は，他者に見てほしいと呼びかける要求行為であり，そこに見せるよろこびがありますが，それだけでしたでしょうか。他者への気持ちが込められたエピソードが見られていたことを思い出してください。たとえば，2－2a（ねぇ　レナちゃん　みて）や2－5a（小さな声でみてて），2－6a（みてて　ルイちゃんじょうずだよ）には，謝罪の思いや励ましの思いが込められていました。これは，見せたいモノが，単純に差し出したり指し示したりしているモノだけではないことを語りかけているように思います。

　松永は「人は他者との直接的な相互交渉や他者の行動の観察を通して，他者の内的特性を把握している。そして，それを考慮しながら，他者との相互交渉を行う場合がある」[2]と述べ「幼児でも，他者の行動を単にその場の単一の行動として見ているだけでなく，その背後の一貫した内的特性を幼児なりに把握している」[3]ことを明らかにしています。このような他者の内的特性を把握する子どもの力は，「みてて」発話にも反映していると考えられます。2－2aや2－5a，2－6aはそのひとつの例といえるでしょう。では，「みてて」発話において発話児が差し出したり指し示したりしながら見せようとしているモノには，どのような意味があるのでしょうか。子どもが本当に見せたかったモノは何なのか，という視点から，その心の動きをみつめてみたいと思います。ここでは，先に紹介した2－6a，b，cを取り上げてみたいと思います。

　レナの「みてて」発話は，ルイがリボンのついた棒（レナがルイに渡した棒）を持って回転させながら踊る様子を，レナが観察者に見せようと，「みててルイちゃんじょうずだよ」と呼びかけたエピソードです。ここではレナもルイと一緒に踊っていますが，レナ自身の行為を見せるのではなく，ルイの行為に対する賞賛を観察者に求めたものでした。友だちの行為に対する賞賛を求め，遊びを盛り上げている「みてて」発話です。しかし，その前の文脈には，ルイへのいたわりと励ましと思われるレナのルイに対するかかわりがありました。このかかわりから考えたとき，レナの「みてて」発話には落ち込んでいる友だちへの気持ちを慰めようとする心の動きがあり，直接的なことばを越えた慰め

のメッセージがそこに息づいています。そこには，人への深いやさしさとぬくもりがあり，5歳児の心の深さを感ぜずにはおれません。このレナの思いがあってこそ生まれた「みてて」発話なのです。ですから，「みてて」発話に託されたこのレナの思いこそ，本当に見てほしいモノだったといってもよいのではないでしょうか。

　このように，「みてて」発話には，友だちの気持ちを推し量ることによって生じた思いを伝えるための媒介的な役割を果たしている側面があり，本当に伝えたかった思いこそが，見せているモノの根底にあることを大切にしたいと思うのです。それは，単に目に見えるモノだけが見せる対象ではなく，目に見えないモノや思い，願いが秘められている場合があり，これこそが真の対象なのではないかと思うのです。

4．年齢的な特徴

　「みてて」発話における現象の多様化とともに，見せる相手や対象についても複雑化し，そこには子どもの深い思いが反映していることがわかってきました。次に，幼稚園3年間における各年齢（3歳児〜5歳児）に視点をあて，その現象の特徴と発話相手について整理しておきたいと思います。

（1）各年齢における特徴
　3歳児の「みてて」発話には，自分を見せるという入園当初における自分中心の視点から，他者の心を読むという他者の視点を取り込むまでに育っていく過程が認められています。そこには，他者の感情や気持ちを読みとるという他者の視点からとらえる思考が反映されており，そのような他者関係の土台が3歳児につくられつつあるといえるでしょう。

　4歳児の「みてて」発話には，3歳児で形成された保育者や友だちとの関係をさらに深め，遊び合う様子が認められています。また，3歳児3学期に見られた他者の視点を取り込む思考がより深く作用しており，他者の心を読みなが

ら他者との関係をつなげていくという，まるで他者関係をかためているような
特徴があります。

　5歳児の「みてて」発話は，3歳児，4歳児に見られた現象に加え，5歳児
2学期に観察されたエピソード2−6c (ルイちゃん　はい) に注目したいと思い
ます。落ち込んだ友だちを直接的な慰めのことばではなく，「みてて」発話に
励ましのメッセージを込め，他者を思いやることで生み出されたエピソードで
す。直接的なことば以上の重みで他者の気持ちに勇気を与えているとも考えら
れ，子どものもつ心の深さを考えさせられます。これは他者感情の理解にもつ
ながっており，他者との関係をきわめる心の成長が見られていることが考えら
れます。また，5歳児3月には，保育者や観察者になわとびを跳んで見せる子
どもたちの「みてて」発話が，いつもの月以上に多く見られていました。この
「みてて」発話は，3歳児の入園当時によく見られた承認や賞賛を求める一般
的な「みてて」発話に対応していますが，5歳児の終わりにもこのような「み
てて」発話がたくさん見られました。卒園間近だからこそ「こんなにできるよ
うになったよ」という子どもの自信の証しとして生まれていたのではないで
しょうか。もうすぐ小学生になることへの期待と不安が，原点となる一般的な
「みてて」発話を生み出しているといってもよいかもしれません。ですから，
入園間もない3歳児時と卒園間近の5歳児時におけるそれぞれの立ち位置が反
映して生まれた「みてて」発話であり，それは，成長の証しとして意味をもつ
「みてて」発話でもあるといえるのではないでしょうか。

　このように，各年齢の特徴を考えると，そこには，自分と他者との気持ちを
つなぐひとつの関係の流れが見えてきます。すなわち，3歳児時は＜**他者との
関係をつくる**＞「みてて」発話，4歳児時は＜**他者との関係をかためる**＞「み
てて」発話，5歳児時は＜**他者との関係をきわめる**＞「みてて」発話という流
れが考えられます。この流れは，3年間という園生活のなかで，他者との関係
が自分中心の視点から他者の特性を理解し，他者の視点を取り込む視点へと
徐々に複雑化していく過程を反映しており，「みてて」発話が，子どもの心の
育ちの過程を語っているように思われます。

48

（2）年齢ごとにみる発話相手の変化

　園生活における「みてて」発話の発話相手は，主に保育者と友だちです。では，その発話相手には，どのような変化が見られるでしょうか。3年間で得られた1,453のエピソードをもとに，年齢別，月別に整理してみると，図3－1（3歳児），図3－2（4歳児），図3－3（5歳児）のような傾向が見られました。

　3歳児時の4月から7月にかけては，まず保育者に対する「みてて」発話が多く見られ，次第に友だちへと広がり，その友だちも入園前から親しかった友だちである＜顔見知り＞から，入園後知り合った友だちである＜新たな友だち＞へと進んでいく過程がみられます。2学期はじめには，再び保育者への「みてて」発話が増加しますが，3学期には，3，4割に減少し，この傾向が4歳児を経て5歳児12月まで続きます。そして，5歳児3学期には，卒園にむけて徐々に保育者への「みてて」発話がまた増加しています。このような流れについて，どんな意味があるのか考えてみましょう。

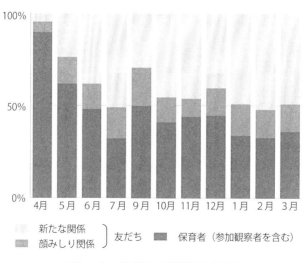

図3－1　3歳児の発話相手の変化

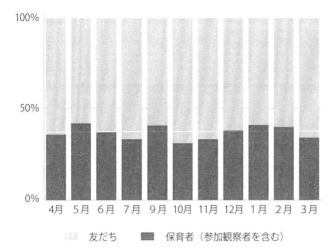

図3－2　4歳児の発話相手の変化

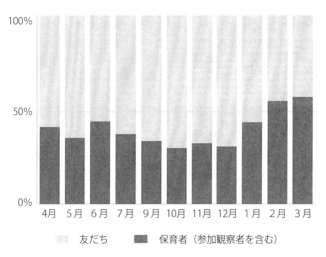

図3－3　5歳児の発話相手の変化

　３歳児の４月に保育者に対する「みてて」発話が多いのは，入園まもない子どもにとって集団生活の場には大きな不安があり，自分の存在を認めてもらいたいという思いが保育者に向けての「みてて」発話にも反映していると考えられます。友だちについても，まずは顔見知り同士で遊びが展開しやすく，それが「みてて」発話にも多少なりとも影響している結果と考えられます。３歳児９月に再び保育者への「みてて」発話が増加している傾向が認められますが，これは夏休み明けの影響といえるでしょう。幼稚園だからこその結果ともいえます。３歳児３学期以降４歳児を経て12月までは，保育者に対する「みてて」発話は３から４割前後とほぼ一定しており，大きな変化は認められません。園生活にも慣れ，保育者との関係，友だちとの関係も安定しているからこその結果ではないでしょうか。そして，５歳児の３学期になると保育者への「みてて」発話が少しずつ増加していきます。もうすぐ卒園を迎えるということで，保育者との関係を求める気持ちや自分の成長を保育者に示していることの反映ではないでしょうか。この保育者への増加傾向は，年齢における特徴のところでも述べましたが，入園当初に多く見られた承認や賞賛を求める一般的な「みてて」発話の現象が，５歳児の３月にも多く見られていたことにもつながっており，保育者からの共感や賞賛によって，５歳児として達成される行為の意味づけが「みてて」発話を通してなされているともいえるのではないでしょうか。

　このように３年間の園生活における子どもの「みてて」発話は，子どもの心の育ちの過程を物語っているともいえるでしょう。

【注】

1 ）岡本夏木『児童心理』p.132，岩波書店，1991 年。
2 ）松永あけみ「幼児における他者の内的特性の把握と行動予測能力」『教育心理学研究』，第 43 巻，第 2 号，p.92，1995 年。
3 ）同上書，p.98。

第3章
「みてて」発話における新たな機能の提起

　入園からの３年間における「みてて」発話を探ってみると，他者との関係を築いていくためのさまざまな現象の多様化（他者に関心を向ける，一緒に遊ぶ，関係を広げる，他者の心を読む，他者と心をつなげるなど）とともに，年齢的にも特徴のあることがわかってきました。そして，そこには，「みてて」発話において，新たな関係をつくりだしていくための機能が潜んでいるのではないかと考えています。

　本章では，多様化する「みてて」発話の現象の構造について，その図式化を試み，「みてて」発話に秘められる新たな機能について考えてみたいと思います。

1.「みてて」発話の構造と図式化

（1）「みてて」発話における三項関係の基本形の確認

　第１章３節の（2）において，「みてて」発話における新たな関係をつくりだす機能の可能性を探るために，基本となる「みてて」発話の構造について図式化を試みました。ここでもう一度，その図式化した基本形の構造について，確認をしておきたいと思います。

　「みてて」発話は，発話児（「みて」「みてて」と呼びかける子ども），発話相手（見せたい相手），対象（見せたいモノや現象）という三項関係により構成されています。それは，発話児と発話相手が一緒に対象を見るという共同注意により対象を互いに共有し，発話相手から何らかの応え（身体的な反応も含む）が返ってくることで三項がつながれ，意味をもった関係として成立しています。その関係

を示したものが図1（第1章3節（2））の「みてて」発話における三項関係の基本形です。では，すべての「みてて」発話の現象が，この基本形の図式で説明できるでしょうか。

　「みてて」発話は，発話相手（保育者や友だち）のまなざしから共感的なよろこびを得ることにはじまり，その後，それだけには留まらず，他者との関係のなかでさまざまな現象のフェーズ（他者に関心を向ける，一緒に遊ぶ，関係を広げる，自己につぶやく，他者の心を読む，他者と心をつなげるなど）が生まれていました。その現象のなかには，発話相手以外の他者の介入や本当に見せようとしている相手が発話相手ではない場合，あるいは本当に見せようとしているモノが別に存在している場合，さらに，発話児の頭のなかで発話相手を想定しているような場合などが見られました。このように「みてて」発話における現象の多様化にともない，発話児，発話相手，対象の関係もより複雑化しています。そのため，基本形の図式ではおさまらない場合のあることが考えられます。では，どのような図式が考えられるでしょうか。基本形をもとに，複雑化した「みてて」発話の構造について，その図式化を試みたいと思います。

（2）三項関係の対称性

　まず，発話相手以外の他者の存在が介入しているエピソードの場合を考えてみましょう。

　第1章で紹介したエピソード1－6（わたしだってできる）は，「みてて」発話によって，まず，アキが保育者に自分の行為（積まれたマットの上から跳び降りる）を見せて賞賛を受け，次にその様子を見ていたナミが，保育者にアキと同じように跳んで見せることによって賞賛を得，その上でアキの顔を確認するように見るナミがいます。アキの「みてて」発話にナミが触発され，アキと保育者の間にナミが介入して生まれたエピソードですが，そこには，アキとナミそれぞれが発した「みてて」発話が2つ存在しています。しかし，この2つは別々に独立した「みてて」発話ではなく，切り離すことのできない関係でつながっています。なぜならば，アキと保育者の間で成立した三項関係にナミが介入する

ことで，アキの発話相手と同じ保育者との間に，ナミによってもうひとつの三項関係が生まれているからです。ですから，２つの三項関係は同じ発話相手（保育者）が軸としてつながれている状態であると考えられます。そして，ナミの「みてて」発話によって生まれた三項関係は，アキの「みてて」発話によって生まれた三項関係なくしては生まれ得ないものでもあります。これを図で考えてみると，アキと保育者との間に生まれた三項関係の基本形に，触発されて新たに生みだされた保育者との三項関係が，ナミの基本形ということになります。さらに，アキとナミも互いの顔を見合い，保育者に見てもらいながらふたりの跳び降りる遊びが続いていますので，アキとナミの関係もつながれています。つまり，同じ発話相手である保育者を軸に，気になる相手として切り離せない関係がそこに存在していることが考えられます。このような関係を考えると，ひとつの三項関係の基本形だけでは収まらない図式となり，同じ発話相手を軸にした図４のような三項関係の対称性（図４　①②③④⑤⑥）として描くことができるのではないかと思うのです。

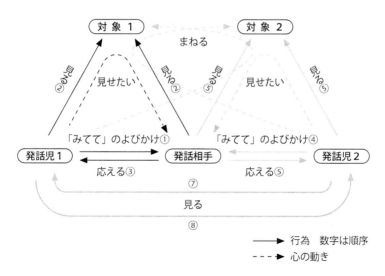

図４　「みてて」発話における三項関係の対称性

　そこには，ふたりの発話児の見せたいという気持ちと同時に，ナミ（発話児2）が対象1のアキの行為をまねる気持ち，アキ（発話児1）が対象2をまねる気持ちも生じていることが考えられます。その思いを，図4では，心の動きを表す破線によって示しています。また，アキ（発話児1）とナミ（発話児2）が顔を見合う行為も生じており，それは，図4の⑦⑧の「見る」という実線による矢印によってつなぐことができるのではないかと考えてみました。

　三項関係の対称性は，子どもの触発という行為によって，「みてて」発話における三項関係の基本形に他者が介入することで，同一の発話相手を軸にもうひとつの三項関係が生まれていることを示しています。このような三項関係の対称性は，子どもの他者への意識の表れを反映した図式ともいえるのではないかと思います。

（3）三項関係から四項関係へ

　次に，本当に見せたい相手は，発話相手以外の他者と考えられる場合のエピソードについて考えてみましょう。

　第2章で紹介したエピソード2－4（お兄ちゃんになったんだ！）は，4歳児のゴウが高めの跳び箱の上から跳び降りる遊びをしているところに，ゴウの様子をじっと見続けている3歳児がいますが，ゴウが「みてて」発話を呼びかけた相手は，少し離れたところにいる保育者でした。保育者からは「わー　すごいね」という賞賛が返ってきますが，発話後のゴウの視線は，発話相手の保育者ではなく，年下の3歳児に向けられ，得意そうな顔で3歳児を見るゴウがいます。保育者に向けられた「みてて」発話ですが，発話後のゴウの視線を考えると，3歳児に対する優越感とともに，年中組になったというお兄ちゃん意識がそこに反映されており，本当に見せたい相手はこの3歳児であることが推察されます。じっとゴウの様子を見続けている3歳児が「すごいなー」とゴウを見ていることをゴウ自身が感じとり，さらにその凄さをアピールしようとするゴウの思いが，保育者への「みてて」発話になったのではないかと考えました。そこには，保育者から得られる賞賛を確信していたゴウがおり，保育者の賞賛

的応答を受けることで，直接３歳児に「みてて」と呼びかける以上の効果で，３歳児を引きつけているのではないでしょうか。自慢げなゴウの姿が目に浮かんできませんか。

　この「みてて」発話の構造を考えると，基本形だけでは成り立ちません。まず，発話児であるゴウと発話相手の保育者との関係がつながれ，ここに，「みてて」発話の基本形が成立していますが，同時に，保育者の賞賛的応答を取り込むことで，本当に見せたい相手である３歳児（他者）を引き込んでいるのです。ですから，ひとつの「みてて」発話のなかで，４つの関係が生まれています。そこで，この４つの関係を，基本形を組み込んだ四項関係として，図５のように描くことができるのではないかと考えてみました。

　図５は，発話児（ゴウ）と発話相手（保育者）が対象（跳び箱から跳び降りるゴウの行為）を共有することによってつながれた三項関係の基本形（図５　②③④）に，同じ対象（跳び箱から跳び降りるゴウの行為）を共有する間接的な（直接「みてて」と呼びかけていない）発話相手（３歳児）の存在を生み出していることを表しています（図５　①⑤）。ひとつの「みてて」発話により，対象を共有する発話児と発話相手，さらに間接的な発話相手の関係がつながれている（図５　③）ことになります。このような他者の取り込みは，図４で描いた同じ発話相手を軸とする三項関係の対称性とは異なり，４つの関係をつなぐ四項関係としてとらえてみたいと思います。

　また，図５では，間接的な発話相手（他者）の視線を感じる発話児の思い（見せたいという破線）が，「みてて」発話によって直接的な発話相手（直接「みてて」と呼びかけた相手）との関係をつなげる（図５　②③④）ことで，他者である間接的な発話相手を取り込んでいる（図５　⑤）ことを表しています。直接的な発話相手は，間接的な発話相手を引きつけるための媒介役になっていると考えられます。

　このような他者を取り込む「みてて」発話は，見られる存在としての自分への意識と，他者への意識の両方が存在しているからこそ生まれるのではないでしょうか。四項関係が生み出される背景には，発話児の周りにいる他者の目

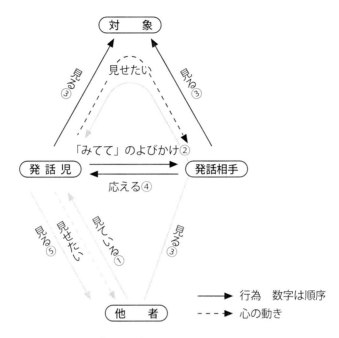

図5 「みてて」発話における四項関係

が，発話児に向けられていることを感じとっている子どもの他者への意識の反映があるのではないかと思います。

（4）三項関係の二重性

次に，見せたいモノが，単純に差し出したり指し示したりしているモノだけではないエピソードの場合について考えてみましょう。

2章で紹介したエピソード2-2a（ねぇ　レナちゃん　みて）や2-5a（小さな声でみてて），2-6a（みてて　ルイちゃんじょうずだよ）があげられます。これらの「みてて」発話には謝罪や励ましの思いが込められており，他者の気持ちを推し量ることによって生じるための媒介役として対象（見せるモノ）が存在し

ていました。このような場合には，どのような関係の構造が考えられるでしょうか。２－５a（小さな声でみてて）から考えてみましょう。

エピソード２－５a（小さな声でみてて）は，降園時に，４歳児クラスの列の後ろにいたミユが，「みてて」と小さな声で私（観察者）に呼びかけ，カバンについているマスコットの手を振って私に見せていました。ミユが見せているモノはマスコットであり，マスコットの手を振ることで私に対する別れのあいさつの気持ちが伝えられていたと考えられます。マスコットの手を振るミユ（発話児）に，私（発話相手）が応えることでマスコット（対象）を共有し，別れのあいさつを交わし合ったといえるでしょう。ここには，ミユと私がマスコットを共有することによってつながる三項関係の基本形が成立しています。しかし，エピソード２－５aの前の文脈には，２－５b（あっちいって）と２－５c（えんちょうせんせいにかえさなくちゃ）という私をさんざん手こずらせたミユと私とのやりとりがあります。このやりとりの文脈によって，ミユが本当に見せようとしていたモノがこのマスコットではなく，私をさんざん手こずらせたことに対するミユの謝罪と，私との関係を修復しようとするミユの思いであることが導き出されました。このミユの思いを考えると，このエピソードの図式には三項関係の基本形だけでは説明のつかない発話児と発話相手とのつながりが存在していると考えられます。すなわち，ミユの私への謝罪の思いという目には見えない心の動き（図６「込める」と「感じる」の破線）が，マスコットを媒介にミユと私の心をつなげているといえるのではないでしょうか。その構造は，「みてて」発話によってミユ（発話児）が見せているマスコット（対象１）を，発話相手である私が共有しミユに応えることで，まず，三項関係の基本形（図６ ①②③）が成立します。次に，対象１を媒介に，もうひとつの見せたいモノとして，ミユの私への謝罪の思いという目に見えない心の動き（対象２）が，ミユ（発話児）と私（発話相手）をつなげています。ミユの小さな「みてて」の声は，私の応答によって元気な「さよなら」の声に変わるのですが，その元気な声に変わった瞬間に，発話児・発話相手・対象２というもうひとつの関係をつなぐ構造（図６ 実線④）が生まれているのです。ここには図４に示したような発話相

手を軸とする＜三項関係の対称性＞や図５に示した目に見える他者を取り込む＜四項関係＞とは異なる構造が見えてきます。目に見えない対象２を共有する発話児と発話相手のつながりは，まず対象１を共有することによって生まれます。その構造は，発話児―対象１―発話相手という三項関係の基本形が成立したとき，対象１に込められた対象２という心の動きが発話相手に通じることで，発話児―対象２―発話相手という３つの関係がつながれることになります。そこには二重に重なる三項関係の現象が生まれていると考えられます。このような構造を，図６のような三項関係の二重性としてとらえてみたいと思います。

　図６のような関係を四項関係ととらえずに，二重性として考えてみたのは，発話児の心の動きという目に見えない対象をとらえた点にあります。四項関係の場合には，実在する他者の目が三項関係に加わることによって成立しています。一方，二重性は，目に見える対象と目に見えない対象という２つの対象があり，後者は前者に込められた発話児の心の動き（図６「込める」の破線）です。発話児と発話相手の関係が前者の対象を共有することによって成立し，その三項関係（発話児＝ミユ・発話相手＝私・対象＝マスコット）を媒介に，目に見えないもうひとつの対象（発話児の発話相手への謝罪の思い）が発話相手に伝わってくるという構造があるのです。このような目には見えない対象を，目に見える対象に託すことで，子どもは，直接ことばでは伝えられない心の動きを，「みてて」発話を媒介に伝えている場合があるのではないかと思うのです。

　２−２ａ（みてて　ルイちゃんじょうずだよ）の場合にも，ルイを励ますという目には見えないレナの思いが，発話相手である私に伝わってきていましたので，三項関係の二重性としてとらえることができるのではないかと思います。しかし，エピソード２−２ａ（ねぇ　レナちゃん　みて）の場合には，対象２であるアイのレナへの謝罪の思いは，アイの差し出すトマトをレナは拒否していますので，図６の＜伝わる④＞の実線のように伝わっているとはいえません。でも，レナはアイの思いは感じとっているのではないでしょうか。ですから，実線の部分（図６　④）が破線になる場合もあるのではないかと思い

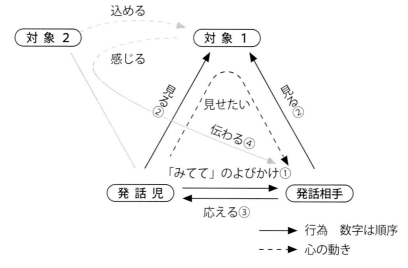

図6　「みてて」発話における三項関係の二重性

ますが，三項関係の二重性としてとらえることはできるのではないかと考え
ています。

（5）思考のなかの三項関係

　「みてて」発話における三項関係の図式として，三項関係の基本形の他に，
三項関係の対称性，四項関係，三項関係の二重性という新たな3つの図式を描
いてきましたが，これらの構造には，＜発話児―対象―発話相手＞という3つ
の関係をつなぐ＜三項関係の基本形＞が必ず含まれています。そこには，欠か
すことのできない存在として，発話相手が必ず実在しています。しかし，2章
で紹介したエピソード2－3（みててねぇ）のように，ひとり遊びの最中に，
「みてて」とつぶやきながらも周りの他者に何も見せることなく一心に遊び続
ける，という子どもの姿がありました。そこでは，「みてて」と言っているに
もかかわらず，発話児の周りの他者に対して何かを見せるという様子が，発話

前後の文脈には認められていません。このように，視線も動かず一心に遊んでいるときにつぶやかれた「みてて」発話は，いったい誰に見せようとしているのでしょうか。また，三項関係は成り立つのでしょうか。みなさんは，どのように考えられますか。

　このようなつぶやきの「みてて」発話について，見せようとする様子が認められないことを考えると，発話相手は実在せず，発話児自身（あるいは頭の中に想定された相手）であると考えることもできるでしょう。この場合，発話相手は，目には見えない発話児の内に存在すると考えられます。では，どのような図式で描けるでしょうか。発話児と対象は存在していますが，発話相手は頭のなかに存在し，発話相手からの応答は，発話児の頭のなかで表象的に受け止められていると考えることができますので，これまでの図のように発話相手からの応答は実線ではなく，図7のように破線③（心の動き）によってつなげられるのではないかと思います。つぶやきとして音声化されていますが，表象的で

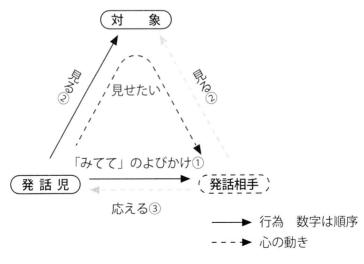

図7　思考のなかの三項関係

あり，「みてて」発話が内言化されている可能性が考えられます。この場合，発話児―対象―発話相手の関係は，発話児の思考のなかで三項関係として成立していると考えてみてはどうでしょうか。私たちも，何かに挑戦するときなど，鏡のなかの自分に向かって「みてて」とつぶやくことはありませんか。エピソード２－３の場合も，色紙切りのひとり遊びがずっと継続していました。「すごいのができるぞ」と，そんな思いで自分に向けて発せられ，それに応ずる声も心の声として聞こえていたかもしれません。

　このように「みてて」発話における三項関係には，基本形の図式だけでは説明のできない図式として，ここでは，＜三項関係の対称性＞，＜四項関係＞，＜三項関係の二重性＞と＜思考のなかの三項関係＞の４つの図式を描いてみました。これらの図式は，現象の多様化にともない，発話児・発話相手・対象の関係が複雑化することによって生まれた新たな構造としての提案です。そして，これらの構造には，必ず三項関係の基本形が含まれています。ですから，新たな構造の図式は，三項関係の基本形を土台とした図式であり，基本形から生まれる発展形として考えてみたいと思います。言い換えれば，「みてて」発話の基本形の成立を通して，新たな自他間の気持ちをつなぐために，基本形そのものが土台として機能し，より複雑な関係の構造をもつ発展形を生み出していると考えられるのではないかと思います。

２．他者と気持ちをつなぐ機能

　前節において，「みてて」発話における現象の多様化にともない，複雑な関係をつなぐために基本形の他に４つの構造の図式化を提案しましたが，これらの図式の構造には発話としてどんな機能がはたらいているのでしょうか。ここでは，他者と気持ちをつなぐ機能として，大きく３つの機能にわけて考えてみました。

（1）共感的機能

「みてて」発話は，発話児（子ども）がある対象を見せることによって，発話相手（保育者や友だち）からのまなざしとともに賞賛や承認を得，そこから他者と気持ちをつなげていくよろこびや，他者に受け止められているという安心感，満足感などを得ています。ここには，同じ対象を共有することで他者に受け止めてもらおうとする共感的なかかわりがあり，共同注意請求発話として一般的に指摘されている「みてて」発話がもつ作用といえるでしょう。このはたらきを共感的機能と名づけてみたいと思います。では，この共感的機能をもつ「みてて」発話は，見せることによって安心感や満足感を得るという一般的な「みてて」発話だけの機能に留まるのでしょうか。

　園生活の積み重ねによって，一緒に楽しみ合ったり，触発し合ったり，仲間意識を広げていったりと，友だちとのかかわりを深めていくなかで生まれる，より複雑化した「みてて」発話について考えてみましょう。たとえば，1－6（わたしだってできる）や1－10（みて　みんな　むしがいる），1－12（交互にポーズ）などは，より複雑化した友だちとの関係や内容（友だちへの触発や発話相手の複数化，遊びの発展）が含まれています。しかし，その複雑化する現象は，対象の共有による共感的機能が主にはたらくことで，さらなる遊びの深まりにつながっていると考えられます。そこで，これらも共感的機能をもつ「みてて」発話と

して考えてよいのではないかと思います。

　では，思考のなかの三項関係としてあげた2－3（みててねぇ）については，どのように考えられるでしょうか。発話相手は実在していませんので，現実には発話相手からの共感的応答を得ているとはいえません。しかし，想像的な世界のなかで見てもらう（自己に問いかける場合も含めて）という共感的応答を得ていると考えてみることができるのではないでしょうか。その意味で，共感的機能をもつ「みてて」発話として考えてみたいと思っています。

（2）方略的機能

　さて，「みてて」発話には，先に提示した共感的機能だけでは説明のつかないエピソードがあります。どんなエピソードでしょうか。それは，他者の見る視点や他者の行動を予測しながら，見せる行為を通して別の目的を達成しようとするなど，発話児の方略的な意図性が含まれていると考えられる「みてて」発話です。たとえば，1－15（こんどは　アキちゃん）や1－16（ここへん）などは，見せるだけの共感的なかかわりだけで終わるのではなく，見せることによって遊びの交替を実現したり，援助を得たりという他者の行為の予測に基づく策略的な思考のあることが考えられます。そこで，このようなエピソードを，方略的機能をもつ「みてて」発話として考えてみたいと思います。

　では，気持ちの切り替えという見せるだけでない別の目的につながった1－11（あ　カラスがきた）は，どのように考えられるでしょうか。このエピソードでは，保育者によるトラブルの調整中に，互いに譲れない意地の張り合いが続くなか，そこに突然カラスが飛び込み，「みてて」発話によって険悪ムードが中断され，ふたりの関係が解きほぐされていました。結果的に「みてて」発話が，子どもの気持ちの切り替えのきっかけにつながっていますので，確かに別の目的の達成ともいえます。しかし，そこに子どもの意図性があったかどうかまではわかりません。意図性が優位にはたらいていれば，方略的機能をもつと考えられますが，このエピソードの場合には，カラスを見ることによって得られた互いの共感性が，結果的に気持ちの切り替えにつながっていると考えた方

64

がよいのではないかと思っています。しかし，結果的であったとしても，このような体験が，集団生活なかで，互いに折り合いをつけていくためのひとつの知恵として育まれていく側面があるのではないかと思います。

　方略的機能は，他者の視点をよみとるという高い思考力が必要になるといえます。その意味では，1－14 (ラーメンでした) は，缶のなかにいつも入っているモノとは違うものを入れて見せることで，その意外性を示す友だちの驚きの姿を予想して楽しむという他者の視点の取り込みがあります。対象を見せることによって生まれる驚きの共感を得るだけではなく，それを越えた発話児の意図的な方略性が，そこに潜んでいると考えられます。そして，その方略から生まれた発話相手の驚きを楽しんでいるのですから，その意味で，方略的機能をもつ「みてて」発話として考えられるのではないかと思っています。みなさんは，どのように考えられるでしょうか。

（3）媒介的機能

　このように，「みてて」発話のなかには，共感的機能だけに留まらず，方略的機能がはたらいている場合のあることが考えられますが，それだけではまだ十分に説明のつかないエピソードもありました。どんなエピソードでしょうか。それは，他者の見る視点や他者が何を考えているか，どのように感じているかについて推測し，他者の考えや行動を予測することで「みてて」発話のもつ共感的機能を媒介に，別の思いや気持ちを伝えていると考えられるエピソードです。方略的機能と重なる部分もありますが，「してやったり」という方略的な意図性というよりも，根底に，より心に響くような温かな情緒性がそこに込められていると考えられるエピソードです。

　たとえば，2－4 (お兄ちゃんになったんだ)，2－5a (小さな声でみてて)，2－6a (みて　ルイちゃんじょうずだよ) などは，発話相手の賞賛的応答が，本当に見せたい相手を引き付けるための媒介であったり，モノを差し出す行為が謝罪の意を伝えるための媒介であったりと，共感的なかかわりを得ることが土台にはありますが，そのかかわりが，繊細な子どもの心の動きによって媒介的に機

能していると考えられる場合です。

　しかし，この媒介的機能は，観察者としてじっくり子どものそばに寄り添い，完結に至るまでの状況（子どもの心の動きも含めて）を見届けることができなければ，解釈することが難しいエピソードです。実は，私が観察していた時に得られた「みてて」発話に関する1,453のエピソードのなかで，なんと12エピソードしか記録することのできなかったエピソードなのです。こんなわずかな数のエピソードにおいて見出された機能，それが媒介的機能なのです。わずかな数と申し上げたのは，この数字が意味するところを考えると，心理学的な統計からいえば，ある機能の傾向が1％以下の有意差で一般的に生じ得る現象として支持されるならば，媒介的機能をもつエピソードは，一般的に生じる現象とはいえない1％以下で棄却されるエピソードになってしまうのです。つまり，媒介的機能をもつ「みてて」発話は，統計的には無視されるエピソードともいえるのです。では，切り捨ててもよいでしょうか。いいえ，たとえ1つであっても保育という営みのなかで生まれるエピソードは，けっして切り捨てることはできないはずです。それが，保育の営みです。日常的な保育という営みのなかで生まれているという事実を，私は大切にしたいと考えています。たとえ100に1つしか記録することのできなかったエピソードであっても，そのことが生まれているという事実には，重みがあるはずです。

　一方，共感的機能をもつ「みてて」発話は，私の観察した記録においては，数字的には8割を占めていました。それが，賞賛，承認を得るという一般的にいわれてきた「みてて」発話のもつ機能であり，共感的機能のはたらき以外の機能について，研究としても分析されなかった証しなのかもしれません。しかし，たとえわずかな確率であっても，共感的機能だけでは説明のつかない，方略的機能や媒介的機能をもつ「みてて」発話が存在しているという可能性があり，それは「みてて」発話における新たな機能の解釈として意味をもつのではないかと考えています。

　また，共感的機能として取り上げたエピソードのなかにも，媒介的機能や方略的機能をもつ「みてて」発話が潜んでいる可能性も否定できません。特に，

媒介的機能をもつと考えるためには，エピソードの前後に生じている文脈を詳細にたどることができなければ，媒介的機能として解釈する根拠を示すことができないのです。切り取られた1場面での「みてて」発話だけでは，とらえることのできない子どもの心の動きが潜んでいる可能性もあります。子どもの微妙な心の世界と向かい合うためには，じっくりと子どものそばに寄り添い，そのエピソードを共有することのできた保育者とともに，子どものそのときの状況や関係性をふまえながら，子どもの心の動きを分析していく必要があります。ですから，多くの子どもたちとともに生活している保育者にとって，じっくり観察することは難しいことでもあります。しかし，ともに生活している保育者だからこそ，見えるものや予測できることがあるのではないでしょうか。その子どもとの関係を大切にすることが，わずかな確率のエピソードをみつめていく手がかりにもなるのではないかと私は思っています。同時に，わずかな確率で生じるエピソードを無視しないことが，保育の営みにおいてはとても重要なことではないかと思います。

　ひとつのエピソードに潜む子どもの心の動きを大切にみつめ，深めていくことが子どもの育ちを支えていくためには，とても大切なことなのではないかと，方略的機能や媒介的機能をもつ「みてて」発話のエピソードにふれるたびに思います。そして，たとえ生じる可能性が1％以下であっても，保育の営

みのなかで生まれるエピソードとして，意味をもっていることを大切にしたいと考えています。

（4）一次的「みてて」発話と二次的「みてて」発話

　「みてて」発話のはたらきとして，共感的機能，方略的機能，媒介的機能という３つの機能を考えてみました。

　共感的機能は，発話相手のまなざしが自分に向けられることで一応「みてて」発話が終結しており，そこに複雑化した現象が生まれていても，主に共感的なかかわりを得る作用が優先していると考えられる場合です。幼稚園の園生活では，３歳児の１学期に見られた「みてて」発話のエピソードが，私の観察した範囲では，すべてこの機能をもつ発話と考えられました。一般的にいわれている「みてて」発話の機能でもあり，これを私は一次的「みてて」発話と名づけたいと考えています。

　そして，方略的機能をもつ「みてて」発話は，３歳児の２学期以降に生まれています。見せることによって賞賛や承認を得るというだけでは終結せず，他者の注目を得ることを利用しながら，見せるだけではない二次的目的を達成しようとする方略性が含まれており，「してやったり」という意図性も感じられます。媒介的機能をもつ「みてて」発話も，方略的機能と同じ３歳児の２学期以降に見られています。他者の気持ちや行動を推測することで，共感的なかかわりを媒介に，発話児の二次的な気持ちを伝えています。このような二次的な目的の達成や二次的な気持ちの伝達という機能が「みてて」発話に取り込まれているものを，二次的「みてて」発話と名づけてみたいと思います。そして，共感的機能をもつ一次的「みてて」発話は，「みてて」発話の基盤になると考えられ，この機能の上に，他者とのかかわりの深まりとともに，方略的機能や媒介的機能をもつ二次的「みてて」発話が生まれてくると考えています。また，二次的「みてて」発話は，一次的「みてて」発話を土台に生まれていると考えますが，二次的「みてて」発話によって一次的「みてて」発話が消え去るわけではなく，混在しながら併存し続けます。

　このような「みてて」発話の現象は，第2章の1で述べた「みてて」発話の現象の流れにおいて説明した「みてて」発話における重層的な構造にもつながっています。「両者は互いに影響を及ぼしあいながら，併存している」[1] という岡本のことばの発達の考え方に通ずる考え方です。私たちおとなも，共感的機能をもつ「みてて」発話だけでなく，方略的機能や媒介的機能をもつ「みてて」発話を用いているでしょう。みなさんも思い当たりませんか。それは，「みてて」発話が重層的な構造をもって活用されているからなのだと考えています。

3．自他関係をつなぐメカニズム

　「みてて」発話は，何かを見せようとして他者に対してなされる要求行為であり，共同注意請求発話のひとつとして位置づけられています。そして，この

共同注意が成立する背景で述べられている理論として，バロン・コーエン，サイモン（Baron-Cohen, Simon. 1958 -）の脳のメカニズムの考え方があります。バロン・コーエン[2]は，脳のメカニズムのなかに「あなたと他の有機体が同じものに注意を向けているかどうかを同定する機能」をもつ神経認知システムが存在し，それを＜注意共有メカニズム（Shared Attention Mechanism: SAM）＞として説明しています。つまり，人間には，自分と他者が同じ対象を見，注意を共有するという現象を引き起こす神経認知システムが備わっているという考え方です。この考え方に従えば，「みてて」発話という行為は，まさにこの注意共有メカニズムが作動して生じる現象であると考えられます。子ども（発話児）の「みて」「みてて」という呼びかけによって，他者（発話相手）の注意が対象に向けられると，その対象が見ている状態と対象を共有することを認知するという説明になります。これは，神経認知というレベルでの考え方であり，確かにこのような注意共有メカニズムが作動することによって「みてて」発話が成り立っているという説明も可能です。しかし，その神経認知レベルの説明だけでよいでしょうか。

　2章で説明してきた「みてて」発話の現象の多様化や見せたい相手，見せたいモノ，年齢的な特徴という現象が，なぜ「みてて」発話において生まれているのでしょう。そして，「みてて」発話における三項関係の図式化による構造や共感的機能，方略的機能，媒介的機能という3つの機能を考える上で，その背景に共通しているものは何でしょう。それを考えると，そこに，自他間の気持ちをつなごうとする子どもの心の動きが作用していることが考えられます。

　「みてて」発話は，他者に何かを見せることによって，そこに共感的なかかわりが生まれ，この共感的なかかわりがさらに他者との関係を広げ，深めていくための土台になっています。その共感的なかかわりを通して生まれる，他者の視点の取り込みや他者の考え方，感じ方の取り込みがあります。それは，他者とのかかわりのなかで自分という存在をどのように位置づけるのかという，そのときを生きる子どもの模索でもあり，自分と他者との気持ちをつなごうとする子どもの心の動きがそこにあるからではないでしょうか。そこには，神経

70

認知レベルだけではとらえきれない情緒的な視点の取り込みが考えられます。この情緒的視点の取り込みなくしては,「みてて」発話の構造にみられた発展形の図式や方略的機能,媒介的機能を説明することはできないと私は考えています。このように考えるとき,「みてて」発話の背後には,認知的視点からだけでは説明しきれない他者と気持ちをつなごうとする子どもの心の動きの作用があるのではないかと思うのです。その作用を,私は,＜自他間の気持ちをつなぐ機能＞としてとらえてみたいと考えています。

「みてて」発話は,保育という営みのなかで生まれる子どものたくさんの行為のなかのひとつにすぎません。しかし,その行為のもつ他者とのかかわりの深さ,自他間の気持ちをつなぐという機能がもたらすより深い他者関係の理解は,認知レベルだけでは,けっして説明することはできないと私は考えています。

「みてて」発話から紡ぎ出された＜自他間の気持ちをつなぐ機能＞のとらえ方は,ひとつの発話行為に留まるものではなく,保育の営みに展開される日常的な行為の一つひとつのなかに潜んでいるのだと思います。保育研究においては,100に1つの現象であっても,その現象と向かい合う意味があると考えています。媒介的機能の提示は,まさにそのことを意味しているのだと思います。ひとつのエピソードから紡ぎ出される意味の深さを改めて大切にしたいと考えています。その意味において,「みてて」発話における基礎的研究が,保育実践に貢献し,保育に活かせる研究となることを願ってやみません。

【注】
1）岡本夏木『ことばの発達』p.69，岩波書店，1985 年。
2）Baron-Cohen, S「視線検出器（EDD）と注意共有メカニズム（SAM）─進化心理学における 2 つのケース─」Moore, C. & Dunham, P. J.（Eds），"Joint Attention", Lawrence Erlbaum, 1995, 大神英裕監訳，『ジョイント・アテンション』p.50，ナカニシヤ出版，1999 年。

第 **II** 部

「みてて」発話が紡ぐ
子どもの心の世界

　「みてて」発話の研究は，賞賛や承認を得るという一般的に述べられている「みてて」発話がもつ機能を超えて，子どもの思いや願いと深くかかわる何かが潜んでいるのではないかという思いから，その研究の取り組みがはじまりました。しかし，本書の「はじめに」で述べたように，その機能が本当に存在しているのかどうか，研究として成果を出せるのかどうかという確証はなく，続ける意味があるのかと迷い，研究を投げ出しそうになったときがありました。そんなとき，恩師である故大場幸夫先生が私に投げかけてくださった「もし，福﨑さんの心のなかに，１％でも『みてて』発話に何かありそうだと感じる思いがあるのなら，追い続けるべきだと思うな」というご示唆がありました。この「１％の思い」ということばを噛みしめるところから，私の本格的な「みてて」発話の取り組みがはじまりました。言い換えれば，「１％の思い」から生まれた研究ともいえるでしょう。その思いによってひもとかれた「みてて」発話の機能は，＜自他間の気持ちをつなぐ機能＞として，その大筋を第Ⅰ部の基礎的研究において紹介しました。

　第Ⅱ部から読まれる方もいるかと思いますので，第Ⅱ部に入る前に，その機能について少しだけふれておきたいと思います。

　「みてて」発話の機能として，私は，共感的機能・方略的機能・媒介的機能という３つに分けて考えてみましたが，共感的機能は，一般的に述べられている「みてて」発話のもつ機能に通ずる考え方であり，基礎的研究での観察においては，収集した「みてて」発話におけるエピソードの８割を占めていました。しかし，残りの「みてて」発話のなかに，共感的機能を超えた子どもの深い思いや願いが込められている「みてて」発話が見出されたのです。それを，私は方略的機能と媒介的機能と名づけました。この「みてて」発話の機能が，まさに「１％の思い」によって導かれたものであり，子どもの意図的な方略性やことばにできない謝罪，激励といった思いが「みてて」発話に込められていたのです。

　「みてて」発話は，家庭をはじめ，幼稚園，保育園，こども園などの施設でも，子どもたちからよく聞かれる呼びかけです。見てほしいという注意を共有

する共同注意請求発話のひとつですが，ただ見てほしいだけではなく，このような深い子どもの精神性を示す心の動きが潜んでいる場合のあることが見出されました。そこには，「みてて」発話において，他者との関係が自分中心の視点から他者の特性を理解し，他者の視点を取り込む視点へと徐々に深められていく過程，まさに他者との関係を築いていくという育ちの過程が見えてきました。その築きの流れを，私は，３歳児の時期は＜他者との関係をつくる＞時期，４歳児の時期は＜他者との関係をかためる＞時期，５歳児の時期は＜他者との関係をきわめる＞時期として表現してみました。「みてて」発話という行為が，ただ見てほしいというだけの単純な行為ではなく，他者との関係を築いていくという育ちゆく過程（つくる―かためる―きわめる）とともにある行為なのだということを示唆しました。

　このような「みてて」発話に関する研究を通して，よく耳にするごく当たり前の発話行為としてとらえられていた「みてて」発話には，私の１％の思いに託した予想をはるかに超える子どもの繊細な心の動きが映し出されていたといってよいでしょう。そして，そこには，他者との共感的なかかわりをよろこびとし，自分の存在を位置づけながらより深い他者とのかかわりを求めて，自他間の気持ちをつなぎ合わせるという機能が潜んでいたのです。

　さて，このような機能のあることを示した第Ⅰ部の基礎的研究では，「みて」「みてて」ということばが音として発せられているエピソードを対象に取り組みました。しかし，見せたい思いは，このような「みてて」発話だけでしょうか。「みてて」発話は，直接的な発話行為ですが，それだけではないことをみなさんもきっと感じられているのではないでしょうか。たとえば，音として耳に聞こえてくることばの表現だけではなく，肩を叩く，袖を引っ張る，手を引くという身体的な接触はどうでしょうか。また，「ほら」「あれ」「ね」「ちょっと」などの呼びかけや視線の動き，あるいは「みないで」という否定的な表現は，どうでしょうか。子どもは，どんな思いで肩を叩いたり，袖を引っ張ったりしているでしょうか。視線の動きには，どんな思いが託されているのでしょうか。「みないで」は本当に見せたくないのでしょうか。このような子どもた

ちの「みて」「みてて」ということばによる直接的な発話以外の行為のなかにも，見てほしいというその意が示唆されている場合があるのではないかという思いが，「みてて」発話の観察をしながら私のなかに問いかけとして生まれていました。

　そこで，これらの問いかけを基礎的研究から生み出された課題として，「みてて」発話の一環研究と位置づけ，取り組んできました。第Ⅱ部では，その基礎的研究以後の取り組みからひもとかれ，紡ぎ出された子どもの心の世界についてご紹介していきたいと思います。

第4章
新たな視点から探る「みてて」発話

　本章では，「みてて」発話研究の一環として，「みてて」発話の否定的な表現や子どもの視線の動き，しぐさに注目しながら，見てほしいという子どもの思いについて，エピソードをもとに，その心の世界を探っていきます。

1．エピソードを解釈することについて

　第Ⅰ部では，エピソードをどのように解釈（ひもとき）していくかという点にはふれずにエピソードをご紹介してきましたが，読者の方のなかには，私の解釈とは異なる子どもの思いを引き出された方もいるのではないでしょうか。

　私は，ひとつのエピソードについて，いろいろな見方や考え方，感じ方があってよいと考えています。ですから，解釈はひとつだけではないと思っています。しかし，それがただの感想に終わってしまっては，保育学の研究とはいえません。そこには，解釈する根拠が必要だと思いますし，どんな視点をもって解釈していくかについて，その立ち位置をおさえておくことは，研究として必要なことだと思います。

　そこで，「みてて」発話研究の一環としてエピソードをもとに子どもの心の世界をひもといていくために，エピソードをどのように解釈（ひもとき）していくかについて，ここで，私の考え方を示しておきたいと思います。第Ⅰ部のエピソードの解釈についても，同じ視点で行っています。

　エピソードの解釈は，数量的な分析とは異なり質的な分析です。ですから，質的な分析を行うということは，エピソードの文脈に埋め込まれている子どもや友だち，保育者，観察者（私）の主観的な意図や思いを解釈していかなけ

ればなりません。そのため，主観性の領域に踏み込むことになります。主観性は，主観に依存しており，普遍性が乏しく，とても個人的なことであるともいえます。ですから，見方を変えれば違う解釈だって生まれるでしょう。しかし，研究として取り組んでいる以上，解釈が主観的な感想で終わっては意味をなしません。そこで，私の場合は，研究として取り組むために，普遍性や客観性を重んじる「従来の心理学研究の枠組みを再考させる契機ともなっている」[1] といわれる間主観性の視点から，エピソードを分析していくという視点をもっていることを確認しておきたいと思います。

では，間主観性とは，どういうことでしょうか。それは「相手の意図がわかる。相手がどんな気持ちかつかめるというように，二者関係において互いに相手の主観的なものを把握できる」[2] ということです。鯨岡は，「いま子どもがどのような気持ちでいるか，何を欲し，何を意図し，どのような観念や感情を抱いているかについて，関り手がなにがしかを把握できたとき，それを一方の主観性と他方の主観性が繋がれた状態とみなせば，それを間主観性とよぶことが可能になってきます」[3] と説明しています。たとえば，子どもとキャッチボールをしているときのことを考えてみましょう。もし，私がポンと投げたボールをうまく子どもがキャッチできたとすれば，おそらくその子どもは「ボールをとれた」といううれしさを感じると思うのです。そしてそのうれしいという子どものよろこびは，私にも伝わってきます。これは，かかわり手である私が感じとった子どものよろこびですが，そのよろこびは子ども自身のキャッチできたというよろこびとつながれた状態としてとらえてみることができるのではないか，ということなのだと私は考えています。エピソードを解釈するときに，「いま　ここ」を子どもと共有するかかわり手としての私が，このような「つながれた状態」という鯨岡の示唆を軸に分析をしていくという視点をもっています。これは，「子どもの気持ちになったときに何が見えてくるのか，何が起こっているのかを子どもとの共同世界のなかから共感的に理解して，それをこちら側の世界，行動語の世界に翻訳していくこと」[4] をめざしているフィールド心理学の方法論とも重なる視点だと思います。

　また，保育の場においてエピソードを描くことについて，鯨岡は「保育者の目や身体を通して得た経験を保育者の思いを絡めて描くものです。しかもそれは保育者が自分の経験を周囲の人に分かってほしいと思うからこそ描くものです」[5]と説明しています。観察者である私は保育者とはいえませんが，「いまここ」を子どもとともにしている私が描くエピソードには，目や身体を通して感じとった子どもへの思いや願いが託されています。そして，託された根拠がエピソードには描かれているはずです。その描かれたエピソードのなかに息づく子どもの思いや願いを，ひとつのとらえ方としてひもときながら，子どもの心の世界をみつめていきたいと考えています。

　エピソードの解釈においては，先に申し上げた通り，私の解釈だけでなく，いろいろな見方やとらえ方があってよいと考えています。同じ空間のなかに子どもとともに身を置く私がエピソードを描き，間主観的視点から感じとった子どもへの思いを綴っています。ですから，そんな風には考えられない，という反論があってもよいと思っています。ただし，どうしてそのように解釈するのだろうか，という解釈の根拠をみつめてほしいと思います。あくまでもひとつの解釈であり，答えの提示ではありませんが，主観的な感想で終わるものでもありません。だからこそ，間主観性の視点から解釈するという意味があるのだと思います。私の解釈を，そんなとらえ方もできるのかというひとつの参考にしていただければ，と思っています。そして，それぞれのエピソードをみなさんがどのようにとらえて考えられるか，ご自身の見方や考え方，感じ方を大切にしてほしいと願っています。いろいろな見方や考え方があってよいはずですし，保育においては，いろいろな視点からみつめることこそ大切なことなのではないかと考えています。

2.「みてて」発話の否定形[6]

　日常的な保育のなかで子どもたちから「みちゃだめ」や「みないで」という「みてて」発話の否定形を耳にすることはありませんか。私も観察において

「みてて」発話を追い続けているときに，このような否定形に出会いました。では，まず，この否定的な表現から考えてみましょう。

「みちゃだめ」や「みないで」は，「みてて」発話の否定形ですから，見せたくないという要求になります。みなさんも，子どもから否定的にいわれ，拒否されたことがあるのではないでしょうか。では，本当に，子どもは見せたくないのでしょうか。エピソードをもとに，その子どもの心の動きを探ってみたいと思います。どんな思いが託されているのでしょうか。ここでは，エピソードを，発話相手がおとなである観察者（私）の場合と友だちとの場合に分けてご紹介していきます。

（1）発話相手が観察者（私）の場合

エピソード4-1　　あぁー　おもしろかったねぇ

　3歳児クラスの保育室内で，アイが段ボール箱のなかに入ったり，箱から出たりしています。そのうち，箱のなかに入ってから蓋を閉め，少しすると，わずかな隙間を開けて周りを見ているアイがいました。アイの周りでは，ままごと遊びやブロック遊び，絵本読みなどいろいろな遊び集団が見られますが，周りの子どもたちは，特にアイの方をみたり，気にしたりする様子は感じられません。アイが，また蓋を閉めて箱のなかに入ってしまいます。私（観察者）がアイの方を向いて様子を見ていると，段ボール箱の蓋を少しだけ開けて，私の方を見るアイの目と私の目とが合いました。アイは「みちゃだめだよ」と言って，さっと蓋を閉めてしまいます。

私は「ごめんなさい」と言って目をそらしました。すると，蓋がまたゆっくりと開き，隙間からアイが私の方を見ている様子が感じられました。しかし，私は気づかないふりをしていましたので，このときは，私と目が合いませんでした。その後，様子をうかがうように，2回ほどアイの蓋が開き，私がもう一度アイの方を向いたとき，蓋を開けたアイの目と合いました。すると，アイは「もう　みちゃだめっていったのにー」と，身体を乗り出しながら大きな声で叫び，再び蓋を閉めてしまいます。このすぐ後に，私が保育室を出ようと移動したとたんに，アイが箱から乗り出して，「せんせ　せんせーてば」と私を呼び止めます。私が振り向きアイの方に近づくと，アイはさっと箱のなかに入り，再び蓋を閉めてしまいます。少しすると，蓋がわずかに開き，隙間から覗くアイの目と私の目が合います。アイは，何も言わずに蓋を閉め，3回ほどこの動作を繰り返してから，「あぁー　おもしろかったねぇ」と言って，段ボールから出てきて，私の背中に抱きついてきました。

　アイは観察者である私に対し「みちゃだめ」ということばで見せることを拒否していますが，何度も段ボールの蓋を開けて様子を見ています。再度私と目が合ったときには，待ってましたと言わんばかりに，「もう　みちゃだめっていったのにー」と，周囲に聞こえるような大きな声で再び拒否しています。しかし，私がその場を離れようとすると，私を呼び止めています。このアイの行為には，「みちゃだめ」と言いながらも，見てほしいという心の動きが映し出されているように感じます。「みちゃだめ」と拒否することで，私の関心をより引きつけようとしていたのではないでしょうか。

　何度も段ボールの蓋を開けるアイの姿には，私が見ていることを期待している思いが潜んでいるように思います。そして，周囲に聞こえるような大きな声で，身体を乗り出しながら拒否する姿には，自分が注目されていることを周りの仲間に強調しつつも，それを楽しむアイの思いが反映しているように思えます。また，段ボール箱から出てきたアイは，私に「おもしろかったねぇー」と

共感を求めながら抱きついてきています。そこには，私と共有した世界を確認し，周囲の仲間にその共有した世界を知らせているかのようなアイの思いを感じます。アイは，ひとりで段ボール遊びをしていたのではなく，見られることを楽しみながら，「みちゃだめ」と拒否することで，その世界に私を引き込んでいたのではないでしょうか。アイの「みちゃだめ」は，ことばの上では見てほしくないことを意味しながらも，より強く相手の関心を引きつけようとしていたのではないかと思います。

■エピソード4-2　　うずまきパン　できた

3歳児クラスの保育室内で，ナオが粘土を細長く伸ばしたり，丸めたりして遊んでいます。私（観察者）が「何ができるのかな」と尋ねると，ナオは「みないでよー」と言って，粘土をもったまま後ろを向いてしまいます。しばらくすると，少し離れたところにいた私の肩をトントンと叩き，ナオが「ほら　うずまきパンできた」と言って，さっき作っていたモノを持って来てくれました。私が「わぁー　どうもありがと　食べていい」と聞くと，にこにこしながらうなずき，私が食べるのをじっと見ています。

粘土遊びをしているナオに，私が何ができるかを聞いたときには，「みないでよー」と拒否しています。しかし，ナオは，その後，できあがったモノを私に見せに来ています。いったんは見られることを拒んでいますが，この拒否は，次の「ほら　うずまきパンできた」という見せる行為につながっているように私には感じられます。拒否したときのナオの気持ちが，本当に見せるのが嫌であったのか，それともそのときにすでにできてからあとで・・・という気持ちをもっていたかどうかについては，はっきりとはわかりません。しかし，見られることをいったん拒否したことが，次の見せる行為を生み出しているのではないかと思うのです。そう考えると，そこには，見られることを完全に拒否するのではなく，見せる行為を心に留めて保留するかのような，そして，私の「何ができるのかな」という問いに応えるかのような，相手との気持ちをつ

なぐ心の動きが見えてきます。また，「ほら」というナオの呼びかけが，ここではまさに「みて」と同意語的に用いられていることもわかります。

エピソード4-3　　**おんなしだもんねー**

　ミチとハルナがトイレの前で，キャラクターの描かれたパンツを互いに見せ合っています。私（観察者）がトイレに入ろうと近づくと，「だめ　みないで」とミチが言い，ハルナと顔を見合わせながら「ねぇー」とうなずき合います。ハルナも「みちゃだめなんだもんねぇー」と繰り返します。ふたりは，さっとパンツを隠しますが，ミチが私の方をちらっと見て，「おんなしだもんねー」と言って，ハルナと再度うなずき合います。私がトイレに入っている間も，ミチとハルナの声が聞こえてきます。私がトイレから出てくると，ふたりは，また「みちゃだめなんだもんねぇ」と互いの顔を合わせてうなずき合い，笑いながら手をつないでそのままホールの方に向かって小走りで行ってしまいました。

　トイレに入るためにふたりに近づいて来た私に対して，ふたりは「だめ　みないで」とふたりの方を見ることを拒否します。互いにうなずき合って拒否する姿には，見せ合うことがふたりだけの秘密の世界であることを主張しているかのように思われます。私はけっしてふたりを見るために近づいたのではなく，トイレに入るためだったのですが，この私の出現を「みないで」と拒否することで，私を巻き込みながら，ふたりの世界を楽しんでいるように思えませんか。さらに，「おんなしだもんねー」と言ってうなずき合う姿には，ふたりだけの共通項（同じキャラクターの描かれたパンツをはいているという共通項）を楽しみ，絆を深めているように思われます。

　また，私がトイレに入っている間も，ふたりはその場に留まり，私が出て来たところで，再度「みちゃだめなんだもんねぇー」とふたりで拒否しながら去っていきます。これは，私がトイレから出てくるのを待っていたからこその行為ではないでしょうか。そこには，私が見たいと思っているはずだと想定し

ながら，見せないことを確認し合うことで，ふたりの秘密の世界をさらに深め，そのことを楽しんでいる姿が映し出されているように思われます。

　「みないで」と言われた私は，まさにふたりの世界をより深くつなぐための媒介役になっていたのではないでしょうか。

（2）発話相手が友だちの場合

エピソード4-4　　アミちゃんとリサちゃんは

　サヤとモモカのふたりが，段ボールの箱と大型積木を使ってコの字型の枠を作り，その上にバスタオルと青いビニールシートを覆いかぶせて，なかで遊んでいます。ときどき，サヤとモモカがビニールシートをまくり，顔を出しては周りを見たり，シートを下ろしたりしています。ときおり，何か話しているふたりの声や笑い声も聞こえてきます。しばらくすると，サヤとモモカが再度ビニールシートを上げて顔を出したとき，すぐ近くに，サヤたちの方を見ているアミとリサが立っていました。アミとリサは手をつないで園庭から保育室に入って来て立ち止まり，サヤたちの方を見た瞬間でした。すると，サヤはアミとリサに向かって「こっち　みちゃだめなんだよねぇー」とモモカと顔を合わせながら言うと，さっとビニールシートを下ろしてしまいました。アミとリサも一瞬顔を合わせますが，ふたりは，手をつないだままこの場を去り，また園庭の方に走って行ってしまいます。ビニールシートのなかからは，サヤとモモカのはしゃぎ声が聞こえてきます。そして，またビニールシートを上げ，誰かを探しているかのように，モモカと一緒に少し身体を乗り出して周囲を見ていましたが，その後，ビニールシートをさらにまくり上げて，サヤが外に出てきました。そして，少し離れたところにいた私（観察者）に，「アミちゃんとリサちゃんは」と聞きに来ました。私が「またお外に行ったみたいよ」と言うと，サヤは「おそと　いっちゃったんだってー」と，モモカに叫び，ビニールシートを半分だけ覆ってなかに入り，少しするとまたビニールシー

トを開けて周りを見渡しています。

　サヤとモモカは，自分たちの方を見ているアミとリサに「みちゃだめなんだよねぇー」と言って，見られることを拒否しています。しかし，アミとリサが来る前からビニールシートをまくっては周りを見ることを繰り返していたサヤとモモカの姿からは，「みちゃだめなんだよねぇー」と言いながらも，誰かに見てもらうことを「待ってました」と言わんばかりの思いのあったことが読みとれます。そのことは，すぐにモモカと顔を合わせながら，さっとビニールシートを下ろすサヤの姿からもとらえることができるのではないでしょうか。そこには，見られることを否定こそしていますが，だれかに見てもらうことを期待し，待っていた思いが映し出されており，拒否しながらもアミとリサを歓迎しているサヤとモモカの思いのあることが感じられます。そして，このとき，少し離れたところにいた私は，サヤとモモカの様子をときどき見ていたのですが，私に対して「みちゃだめ」と言うことはありませんでした。どうしてでしょう。おそらく，見てくれる相手が友だちでなければならなかったのではないでしょうか。アミとリサの姿が見えなくなってしまったことに対して，私に「アミちゃんとリサちゃんは」と尋ねています。「おそといっちゃたんだってー」と，モモカに叫ぶサヤの姿には，ふたりがいなくなってしまったことを残念に思う気持ちがひしひしと伝わってきます。残念そうなサヤの顔が目に浮かんできそうです。アミとリサに対する「みちゃだめ」という否定的な表現は，サヤとモモカが遊んでいる自分たちの世界を，自分たちだけの秘密の世界として盛り上げるために必要な否定だったのではないでしょうか。自分たちの遊びを深めるために，見てくれる仲間の存在を願い，見られることを拒否することで，直接遊びに介入しない＜見る役＞として，間接的な仲間を求めていたのではないかと思います。そこに，私ではなく，アミとリサに対して「こっちみちゃだめなんだよねぇー」と叫んだサヤたちの意図も潜んでいるのではないでしょうか。

エピソード4-5　　もう　みないでよぉー ────────

　3歳児クラスの保育室の隅にある工作テーブルの上で，ケンタとショウ
が，それぞれの紙にクレヨンで絵を描いています。ケンタはときどきショ
ウの絵をちらっと見，ショウもときどきケンタの方を見ています。ふたり
は，チラリと互いの絵を見ながら，絵を描いています。そのうち，ケンタ
が大きな声で「もうー　みないでよぉー」とショウに向かって叫び，紙の
上に覆いかぶさるように絵を隠してしまいました。ショウは，描いていた
手を止めて，下を向いてしまったケンタを見ています。ケンタは，紙の上
にうつ伏せになったまま頭を左右に振ってから，顔をあげ，「ショウちゃ
んがみるんだもん」と言って怒り出します。ショウは「ぼく　みてない
よ」と言いますが，ケンタは「みてたもん」と繰り返します。すると，
ショウも「ケンタくんだって　ぼくのみたもん」と言い返します。ケンタ
は「もうやだなぁー　ショウちゃんは。みないでよぉー」と言って，また
描いていた絵に覆いかぶさります。ショウはうつ伏しているケンタの方を
見ながら，また「ケンタくんも，ぼくのみたもん」と繰り返し，自分の絵
を腕で隠したまま描きはじめます。ケンタも，自分の絵を腕で隠したま
ま，頬を膨らませて顔を上げてから，下を向いてしまいます。その後，ケ
ンタは描いた絵をくしゃくしゃにして「おしまーい」と叫びます。

　ケンタとショウは，並んでそれぞれ好きなように絵を描いていますが，互い
にチラリと絵を見ながら描いています。そこには，相手の絵を気にしながら絵
を描いている気持ちが存在しているように思われます。

　では，ケンタの「もう　みないでよぉー」という表現には，どんな思いが込
められているのでしょうか。ケンタの姿を思い浮かべてみてください。もし，
自分の描いている絵に満足し，得意な気持ちをもっているのなら，絵を隠すよ
うにしてうつ伏せになるでしょうか。紙の上に覆いかぶさるようにして絵を隠
すケンタの姿のなかには，思い通りに描けない気持ちと，ショウへの対抗意識
が込められているように思われませんか。その思いが，「みないでよぉー」と

いう否定形に託されたのではないでしょうか。単に見られることを拒むという
だけではなく，ショウより上手に描きたいと思うケンタの思いが反発として現
れたように思うのです。その気持ちは「ショウちゃんがみるんだもん」という
ことばによってより強められ，ショウの「ぼく　みてない」という返答には，
「みてたもん」と再度打ち消すように強い反応を示しており，そこには，ケン
タのショウに対する強い反発心のあったことが窺えます。しかし，「ケンタく
んだって，ぼくのみたもん」というショウの反撃的な指摘には反発できず，
「もうやだなぁー　ショウちゃんは。みないでよぉー」と見ることを再度拒否
することで，自分の気持ちを抑えようとしていたのではないでしょうか。

　自分の絵を腕で隠したまましばらく動かず，頬を膨らませて顔を上げ，下を
向くケンタの姿には，自分と向かい合い，思い通りに描けないもどかしさと
ショウへの対抗意識を抑えながら，昇華しようとしている気持ちが映し出され
ているように思われます。「おしまーい」というケンタの叫びは，自分で自分
の気持ちを切り替え，折り合いをつけるための叫びだったようにも私には思わ
れます。みなさんは，どのように感じられたでしょうか。

（3）否定形に託された子どもの心の動き

　このように，「みないで」や「みちゃだめ」という発話は，見られることを
拒否する発話ですが，そのなかには，エピソード4－1から4－5に示したよ
うに，見せたくないという否定だけではない子どもの思いが込められているこ
とが読みとれます。

88

　岩田は，「３歳の終わり頃から，たしかに大人の期待や要望をタテマエとして自己のなかに取り込みはじめる。しかし，そのままストレートに取り込まれるわけではない。自己の行動にとって外からのタテマエが意識されてくることは，逆にそれまで以上にじぶんのホンネがホンネとして対比的に意識されてくることにもなる。それが２項対立的なホンネとタテマエの葛藤やユレとなって現象化してくるのである。したがって『ホンネは〜だけど，タテマエは〜である』のように，２項が対立的に意識にのぼり，一見タテマエにしたがっているようで，ときにじぶんのホンネを対抗させてしまう，といった矛盾した行動になってみられるのである」[7] と述べています。

　エピソード４−１から４−５に示された「みてて」発話の否定形も，本音としては見せたいという思いをもちながらも，タテマエは見せないと拒否する２項が対立的に意識され，矛盾した行動となって現れているのではないでしょうか。

　では，どんな２項対立的な意識が映し出されているのでしょうか。それぞれのエピソードについて，みつめ直してみたいと思います。

　エピソード４−１のアイは，私から見られることを拒否こそしていますが，段ボールの蓋を開け閉めしながら，アイを見ている私の存在を何度も確かめていました。その行為こそ，拒否がタテマエであることを裏付けていると考えられます。まさに，アイの本音は私に見てもらいたかったのでしょう。

　エピソード４−２のナオは，「何ができるかな」という私の問いを受けて，「みないでよー」と拒否をしていました。この拒否は，先に岩田が指摘しているように，私の問いをストレートに取り込むのではなく，ナオのなかで本音が対比的に意識されることによって生まれた発話なのではないかと私には思えます。なぜなら，見せてもいいという対比的な思いがあったからこそ，ナオはできあがったうずまきパンを私のところまで見せに来たのではないかと思うのです。見せることの完全な否定ではなく，対比的な意識が次の「ほら」と差し出して見せるという行為へとつながっているのではないかと思うのです。

　エピソード４−３のミチとハルナは，同じキャラクターの描かれたパンツを

はいているという共通項を見出すことで楽しんでいました。そして，その楽し
みは，第三者である私にふたりの共通項がなんであるのかを隠すことによって
倍増し，自分たちの内緒が，自分たちだけの秘密の世界として深められている
ように思われます。「だめ　みないで」というミチの拒否には，私に見られる
ことを期待しつつも，その対立的な意識の反映が示されているのではないで
しょうか。

　岩田は，「知られないように内緒をする，見せないように隠すといった行動
は，他者がもちうる知識や信念状態を操作しうることのより自覚的な理解を示
すものであろう」8) と述べています。ミチとハルナのふたりの共通項を私に
見せないように隠すことは，私の心情（私が自分たち（ミチとハルナ）のしているこ
とをきっと見たいに違いないというふたりの推測による私の信念状態）をふたりがまさ
に操作したという自覚であり，そのことが秘密の世界をさらに楽しませること
になっているのではないでしょうか。

　エピソード4－4のサヤとモモカは，ビニールシートを何度も上げ下げしな
がら周りを見ていました。その姿には，誰かに見られることを期待する思いが
込められているように思われます。アミとリサはまさに歓迎すべき来訪者で
あったのでしょう。エピソード4－1のアイと同じように，拒否はタテマエで
あり，そこには，本当はアミとリサに見てもらいたいという思いがあることが
感じとれます。「おそといっちゃったんだってー」とサヤがモモカに投げかけ
たことばは，本当はアミとリサにもっと見てもらいたかったという残念な思い
を裏付けているといえるでしょう。このようなサヤとモモカの思いは，エピ
ソード4－1のアイと同じような心の動きではありますが，大きな違いは「み
ちゃだめ」の発話相手が，エピソード4－1は私（観察者）であるのに対し，エ
ピソード4－4は友だちであるということです。しかも私の目が注がれている
にもかかわらず，友だちに見られることを期待し，その存在を待っていたとも
いえるでしょう。エピソード4－1は3歳11月，エピソード4－4は4歳11
月に観察されたエピソードでした。1年という園生活の積み重ねのなかで，友
だちとのかかわりやクラスの仲間への意識が深められているからこそ，私では

なく友だちの存在を待っていたのかもしれません。何気ない子どもの姿のなかに，仲間への関心を広げていくという育ちのあることを感じさせられます。

　エピソード4－5のケンタのショウに対する見られることの拒否は，ショウへの対抗意識とうまく描けない自分の絵に対する葛藤の現れではないでしょうか。

　お互いにチラリと絵を見ながら描いている姿は，相手の絵に対する意識の反映ともいえるでしょう。ケンタはショウの絵を自分と比較しながら，思い通りに描けない思いを，ショウが自分の絵を見るからうまく描けないのだと自分流に理屈をこねることで，自分の気持ちに折り合いをつけようとしているのではないでしょうか。ショウは，ケンタの指摘に対し，一度は見ていないと反応しましたが，再度の指摘にケンタも見たではないかと反撃しています。ショウのこの反撃にケンタは，「もうやだなぁー，ショウちゃんは。みないでよぉー」と，自分が見たことにはふれずに，タテマエを押し通すように再度見ることを拒否して，またうつ伏してしまいました。絵に覆いかぶさりうつ伏すケンタの姿には，思うように描けないもどかしさとショウへの悔しさのような思いが映し出されていたのではないでしょうか。ケンタの「みないでよぉー」は，うまく描けないで嫌だ，悔しいという本音の思いと折り合いをつけるためのタテマエの現象化としてとらえてみることができるのではないかと思います。

　岩田は「じぶんのホンネと折り合いをつけることができないと，自分流の理屈をこねて頑固に意地を張るといったことがみられる」[9]と指摘しています。エピソード4－5のケンタは，ショウに見られていることが本質的な問題なのではなく，見られていることを問題にすることで，自分のなかに宿る対抗意識を抑えようとしていたのかもしれません。自分流の理屈によって自分の気持ちに折り合いをつけるために，「みないでよぉー」を繰り返していたように思うのです。

　このように，「みないで」や「みちゃだめ」という否定的な発話には，単に見られることを拒否しているだけではなく，本当は見てもらいたいけど見せないという対比的な意識や，内緒にしたり隠したりすることで仲間との秘密の世

界を深めるという媒介の役目，さらには，心の揺れに対する自分の気持ちの切り替えや折り合いづけという２項対立的な子どもの心の動きが存在している場合のあることが考えられます。

　「みてて」発話の否定形である「みないで」や「みちゃだめ」という発話は，ことば上では，見せたくないという要求であり，確かに見られることを拒否しています。しかし，けっして見せたくないわけではないという場合があり，そこに，複雑な子どもの心の動きが潜んでいることが感じられます。では，もうひとつ，かかわりという点からも，否定形について確認しておきたいと思います。

　「みてて」発話の基礎的研究（第Ⅰ部）から，私は，子どもの「みてて」発話には，自分と他者との気持ちをつなぐ機能のあることを提起しました。そこには，他者とのかかわりを深めるという関係の肯定があります。では，見せたくないという要求である否定形は，他者とのかかわりを否定しているのでしょうか。５つのエピソードに見るように，けっして他者とのかかわりを閉じていないことはみなさんも感じられたと思います。むしろ，見せたいという対比的な思いを持ちながら，タテマエとして拒否しているのであり，他者と気持ちをつなぐ思いが，そこには託されています。「みないで」ということば上の否定が，これらのエピソードではことば通りの否定ではないのですから。このような否定形の裏側に潜む子どもの複雑で微妙な心の動きを，大切に受け止めていくことの重要性を改めて感じます。

　エピソードに登場する子どもたちの姿をもう一度思い浮かべてみてください。子どもの心の深さを改めて感じませんか。

３．身体が語る「みてて」発話

（１）ひとり遊びから
　５歳児クラスの保育室内でみられたひとり遊びをしている子どもの視線の動きをとらえたエピソードです。どんな子どもの思いが託されているでしょうか。

エピソード4-6　　まなざしを受けて[10]

　サヨが，いろいろな空き箱を工作コーナーの机に持ってきて，浅い菓子折りの蓋を使って部屋づくりをはじめています。蓋を逆さにして，それを部屋に想定し，そのなかに切り取った小さな空き箱を並べ，セロハンテープで貼りつけながら，椅子や机として置いていきます。私（観察者）が少し離れたところからその様子をじっと見ていると，サヨの視線が私に一瞬向けられます。しかし，すぐに視線を逸らしてしまい，今度は，ハサミで箱を切り，部屋の仕切りづくりに取りかかります。その後，サヨはまた私を見るのですが，見続けている私の目が逸れると，サヨから「こうやってきるんだー」という少し大きめの声が聞こえ，サヨの視線がちらっと私の方に向けられます。私がまたサヨの方をみつめると，今度はサヨが視線を逸らしてしまいます。サヨは「できたー」と言って，人形型に切り取った紙片を椅子（小さな空き箱）の上に置いていきます。ときどき，私の方に視線を向けながらも，私に呼びかけることはなく，空き箱の部屋づくりと紙人形によるひとり遊びが続きます。

　空き箱による部屋づくりの遊びは，数日前から数人の女児が取り組んでいた遊びです。この日は，サヨがひとりではじめ，紙片の人形づくりを含めた遊びへと発展していきました。サヨからは，私のまなざしを感じとったのでしょうか，一瞬サヨの視線が私に向けられます。そして，その時点から，私の見ている視線を確認するかのように，サヨの視線が私にちらっ，ちらっと向けられながら遊びが展開していきます。サヨからは，一度も発話としての「みてて」が聞こえてきたわけではないのですが，ときどき私に向けられるサヨの視線には，「みてて」というサヨの心の声が潜んでいるように私には感じとれました。私のまなざしによって，自分が「見られている」ことへの優越感と，「見られていたい」という意識がサヨのなかに生まれていたのではないでしょうか。私がサヨの方を見ていると，目を逸らしてしまうというサヨの姿が2度みられています。これは，見られていることを意識していないような素振りの反映では

ないかと思うのです。なぜなら，サヨは自分の視線を逸らしながらも，その間に，私が視線を逸らすと，まるで私の気を引くかのように，私に聞こえる声の大きさで「こうやってきるんだ」と言ったり，「できた」と言ったりしながら，その度にちらっと私の方を見て確認しているサヨがいます。こうしたサヨの視線の動きは，私が見ていることを気にしていないふりをしながらも，私が見ていることを確認しているからこそ生まれているのではないでしょうか。そこには，「みていてほしい」というサヨの身体が語る「みてて」の発信が潜んでいるように思います。

　「みてて」発話は，共同注意請求発話のひとつであり，その意味で子どもの積極的な要求行為ですが，まなざしを受けるという受動的な行為によって，見せたい思いが喚起され，それが今度は能動的な行為として，身体によって語る暗黙の「みて」や「みてて」を生み出しているように思うのです。そして，そこには，「いま　ここ」を共有している見る側の私と見せる側のサヨのそれぞれの主観を，相互に受け止め合う関係が生まれているように思います。それは前述の鯨岡が示唆した「つながれた状態」といえるのかもしれません。

（2）子どもと保育者の間で

　4歳児クラスの保育室で見られた子どもと保育者のエピソードです。そのやりとりにどんな子どもの思いがみえてくるでしょうか。

エピソード4-7　　あ　うまくとれた [11]

　保育室の隅に置かれた机の上に，どんぐりに関する絵本とともに，どっさりどんぐりの入った籠が置かれています。数人の子どもたちが机を囲み，籠のなかからどんぐりを取り出しては，どんぐりを回してみたり，転がしたり，叩いたり，はさみも使いながら，真剣な顔でどんぐりの皮をむいてなかから白い虫（ゾウムシの幼虫）を取り出しています。どんぐりの籠のそばには，白い小さな虫がうじゃうじゃと入った牛乳パックのケースが置かれ，カイは，ときどきそのパックのなかを覗いては，ケイタ，エリと

一緒に「にこっ」と笑い合っています。さらに，近くにいる保育者にも牛乳パックのなかを指さしながら，うなずくように首を何度も縦にふってみせています。保育者も笑顔でうなずき返しています。どんぐりの虫取りをしながら，子どもたちから「かたーい」「だめだ」「あ，おおきーい」などの声が聞こえ，しばらくの間，このどんぐりの虫取りが続きます。そのうち，保育者の片づけの声とともに，保育室の片づけがはじまります。どんぐりの虫取りをしていた場所は，机上はもちろん，机の下にもどんぐりの皮がたくさん落ちています。その皮を手で拾いはじめた子どもたち。保育者の「うまく取れるかな」という声とともに，何かに気づいたかのようにエリが走っていき，ほうきとちり取りを持って来て掃きはじめます。しかし，なかなかうまくちり取りに皮が入りません。保育者の目がエリに注がれ，それを感じとったのか，ちらっちらっと保育者の方を見るエリ。奮闘しながら，エリがちり取りの角を少し下げた瞬間，集まった皮がちり取りに入り，うまく取れました。すぐに保育者と目が合い，「にこっ」と笑うエリ。保育者も微笑み返しながら，「きれいになるね。ありがとう」と返すと，エリの掃くピッチが早まりました。

エピソードでは，「みてて」発話は聞かれていません。しかし，友だちとたくさん白い虫（ゾウムシの幼虫）がとれたことを確認し，満足げな笑みをたたえたすぐ後に，保育者に向けて，牛乳パックのなかを指さしながらうなずくように首を縦に振って見せたカイの姿があります。その姿を思い浮かべてみてください。「みて　こんなに取れたよ　すごいね」，そんなカイの声が聞こえてきませんか。まさに保育者に，たくさんとれた自慢とともに，そのすごさの共感を求めて指さしながらうなずいて見せたのではないでしょうか。保育者もカイに笑顔でうなずき返えしています。その瞬間に，カイと保育者の心がつながれたのだと思います。カイは「みてて」発話を発しているわけではありませんし，保育者に直接取り集めた白い虫（ゾウムシの幼虫）を見せに行っているわけでもありません。しかし，カイの指さしとうなずきは，まさに身体が「みて」を

語っています。

　その後，片づけがはじまると，散乱したどんぐりの皮を手で拾う子どもたちに，保育者が「うまく取れるかな」と何気なく呼びかけています。すると，ほうきとちり取りできれいにすることに気づいたのでしょう。エリが，ほうきとちり取りを持って来て掃きはじめます。しかし，なかなかうまく取ることができずに，保育者の方をちらっちらっと見ています。エリは，気づいたことの優越感とともに，なかなかうまく取れないもどかしさを「せんせい　こっちみてたすけて」と訴えていたのかもしれません。しかし，保育者はすぐには手を出さずに見守っていたのでしょう。エリは奮闘し続けながら，ついにちり取りの角度を下げることでうまく取れると，保育者と目が合います。保育者がじっと見守っていたからこそ，その瞬間を逃さずに目と目を合わせることができたのだと思います。にこっと笑うエリの姿に，静かに見守っていた保育者にもエリのうれしさが伝わったのでしょう。微笑み返して「きれいになるね　ありがとう」という保育者の声が響きます。そして，この瞬間に，エリと保育者の心もつながれたのだと思います。このときも，エリと保育者とのやりとりのなかに，「みてて」発話は聞かれていません。しかし，カイのときと同じように，子どもの「みて」や「みてて」という心の声が聞こえてきます。その身体が語る子どもの心の声を静かに受け止めている保育者の姿もあります。そこには，心の対話によってつながれていく子どもと保育者の姿が映し出されているように思われます。

（3）周囲を取り込む

　次のエピソードも「みてて」発話が直接聞かれていませんが，互いに見せ合い，うなずき合う姿があります。同時に，周囲の仲間を取り込む姿も見られています。そこにどんな子どもの心の動きが見られるでしょうか。

エピソード4-8　やった！[12]

　保育室の片隅で，3歳児のケイが，小さな長細い積木を縦に立てて積み重ね，その上に積木より大きめのブロックを重ねようとしていますが，なかなかうまく上に載らず，バランスを崩して数回倒れてしまいます。近くにいた保育者が，思わず「あっ」と小さな声を発します。ケイは，保育者の方をちらっと見ながら，もう一度積木を縦に積み重ね，その上にブロックを載せますが，また崩れてしまいます。ケイが，またちらっと保育者の方を見ると，保育者は残念そうな表情を見せながら，そっと人差し指で「1」を示して笑顔で返します。ほぼ同時に，ケイの挑戦がまたはじまり，ついに積み重ねられた積木の上にブロックが載ります。ケイが両手の親指を立ててうなずくように首を少し縦に振り保育者を見ると，保育者も同じように親指を立ててうなずき返しています。すると，そばで別のブロック遊びをしていたユウタ，ショウタもケイが積み重ねた積木のできばえを確認するかのように覗きこみ，同じように親指を立てて返します。その直後，ふたりも同じように積木を積み重ねはじめ，3人一緒の積木遊びがはじまりました。失敗しても互いに親指を立ててうなずき合い，ときどき保育者の方も見ながら積木遊びが繰り返されます。うまくいくと「やった！」といいながら親指を立て，子ども同士で互いの親指をタッチし合っています。さらに保育者の親指にもタッチしに行くという遊びが続きます。

　ケイが失敗したときに発せられた保育者の「あっ」という音は，ケイの遊びを見守りながらその世界を共有していたからこそ，自然に発せられた声なのだと思います。一方，ケイも，そんな保育者の存在を感じとっていたからこそ，ちらっと保育者の方をみながら再挑戦する姿が生まれたのだと思います。直接的な「みてて」発話は聞かれませんが，そこには，子どもの思いを共有する保育者の姿があり，エピソード4-7（あ　うまくとれた）と同じように，相互に身体で語り合う一対一の「見合う」行為が生まれています。そして，ケイは失

敗しますが，残念そうな表情と人差し指でもう一度と励ます保育者に，ケイの
さらなる挑戦がはじまり，ついに成功します。ケイが両手の親指を立ててうな
ずくように首を振ったその姿は，「やった！」というよろこびに満ち溢れてお
り，保育者も同じように親指を立ててケイにうなずき返しています。それは，
まさにケイの親指と保育者の親指が共振し合った瞬間といえるでしょう。うれ
しそうなケイの笑顔が目に浮かんできませんか。そこに，ケイと保育者による
ことばによるやりとりはありません。しかし，ケイと保育者の心はしっかりと
つながれ，通い合っていることが感じられます。それは，「やったね」という
ケイと保育者の心の対話といってもよいのではないかと思います。このすぐ後
に，ユウタ，ショウタがケイの積み重ねた積木を見に来て，同じように親指を
立てている姿があり，ケイも親指を立ててそれに返しています。ユウタ，ショ
ウタは，おそらく保育者とケイのなかに生まれた共振を感じとり，思わず引き
寄せられたのではないでしょうか。それを機に3人の積木遊びがはじまり，積
木遊びと親指タッチの融合遊びへと発展しています。そこには，失敗しても再
挑戦し，成功したときには「やった！」と互いに見合ってよろこびを共有し
合っている3人の姿があり，その様子が目に浮かんでくるようです。ここにも
3人の心がしっかりとつながれていることを感じます。

（4）見せたい相手への意識

　4歳児クラスにおいて，ふたりの子どもの互いに相手に向ける視線の動きをとらえたエピソードです。今度は，どんな子どもの心の動きが見えてくるでしょうか。

エピソード4-9　　み ててくれたね [13]

　保育室の片隅で，ショウとアリサが，カプラを交互に積み上げながら塔を作って遊んでいます。互いの背に近づく高さになったときに，ショウが，そっとカプラを置き，倒れずに積み上げられると，両手の拳を上にあげて「やったね」というようなポーズを見せます。アリサも同じポーズをとってから手を叩き（拍手），ふたりでうなずき合います。その後も交互にそっとカプラを置き合い，互いの背を超えるくらいの高さになったときに，ショウがそっとカプラを置き，少し間をおいてからアリサがカプラを置くと，そのとたんにどっと塔が崩れてしまいました。「あーあー」とショウががっかりした様子を見せますが，ショウはすぐに塔をまた作りはじめます。アリサもカプラを置こうとすると，「だめ　ぼく」とショウは言って，アリサの手を払いのけ，アリサがカプラを積むのを今度は拒んでしまいます。アリサは少しの間ショウのかたわらで見ていたのですが，その後，保育室の対向線上にある机に行き，絵を描きはじめます。ショウは，ひとりでカプラを積み上げていますが，ときどきアリサの方もちらっ，ちらっと見ています。アリサも，ときどきショウの方に視線を向けています。ショウは，カプラが背を超えるくらいの高さになると，アリサの方を見てからカプラを置き，無事に置き終わると再度アリサの方に視線を向けます。アリサもショウの方に視線を向けたままじっと見入っています。うまくカプラが積みあがったとき，少し離れたところにいた保育者が「アリサちゃんがみててくれたね」とショウに声をかけます。するとショウは，アリサに向けて「やったね」と言わんばかりのポーズを見せます。アリサも塔のカプラのそばに戻ってきて，同じポーズをし，互いに笑顔を

見せ合っています。

　カプラを高く積み上げていたふたりですが，あと少しで自分たちの背を超え
るくらいになったときに，アリサがカプラを置いたとたん，塔が崩れてしまい
ます。「あーあー」というショウのがっかりした声が聞こえてきそうですが，
ショウはすぐに再挑戦をはじめます。しかし，今度は，アリサと一緒に積むの
を拒んでいます。おそらく，今度はひとりで積み上げたかったのでしょう。ア
リサのせいで壊れちゃったという思いもあったのかもしれません。かたわらで
少しの間見ていたアリサも，ショウへのうしろめたさを感じたのかもしれませ
ん。その場を離れてしまいます。しかし，アリサは保育室に留まっています。
しかも，ショウの様子が見える対向線上の方にある机に行って，そこからとき
どきショウの方を見ています。「うまくいくかな」と心配そうに見ているよう
なアリサのいじらしさを感じてしまいます。拒否したショウも，積み上げながら
ときどきアリサの方を見ています。そして，ついに背を超えるくらいの高さに
なったときには，ショウは，アリサの方を見てからカプラを置き，無事に置き
終わると再度アリサを見ています。きっと，その瞬間をアリサに見てもらいた
かったのではないでしょうか。ショウの「みてて」という身体が語る心の声が
聞こえてきそうです。アリサを拒否したショウですが，アリサのことが気に
なっていたに違いありません。拒否したショウと拒否されたアリサですが，心
理的にはふたりの遊びの状態が続いていたといえるのではないでしょうか。互
いに見ることと見られることを意識し合っている様子がそのことを物語ってい
るように思います。さらに，そんなふたりの心の世界を読みとったかのような
「アリサちゃんが見ててくれたね」という保育者の一言。この一言が，ショウ
のアリサへの「やったね」と言わんばかりのポーズを引き出し，アリサがショ
ウのもとへ戻ることができたのではないでしょうか。保育者のこの一言が，ま
さに心の対話によってふたりの心がつながれた状態を生み出しているのではな
いかと思います。複雑に交差するふたりの心の動きが，響き合った瞬間かもし
れません。

（5）身体が語る子どもの「みて」「みてて」

　エピソード４−６から４−９では，「みてて」発話が音として発せられていませんが，視線の動きや親指を立ててうなずき合う行為などを通して，そこに，「見てほしい」「見せたい」という子どもの思いや願いが込められていることが感じとれます。それは，「みてて」発話の心の声といえるのではないかと私は考えています。そこには「一方の主観性と他方の主観性が繋がれた状態」[14] という鯨岡の示唆する間主観性の世界が生まれていることを感じます。「みてて」発話が聞こえているわけではありませんが，互いの主観性がつながれた状態にあるからこそ，身体が語る「みてて」発話がやりとりとして成り立っているのではないでしょうか。そして，その場にいた観察者の私も，その世界を共有し，子どもや保育者の息遣いが伝わってきていました。これは，間接的なつながりのなかで生まれている間主観性の世界といえるのかもしれません。

　福井は「対人関係の最も基本的な出発点は，二人の人間の目の出合いから始まるといえる。相互に素早くちらっと一瞥を交わし合う。その一瞥がお互いの心を開き合うきっかけとなり，対話へと発展する」[15] と述べています。視線の動きからとらえた身体が語る「みてて」発話は，心を開き合うきっかけでもあり，それによって互いに見合い，心と心がつながれる状態，心の対話によってつながれていく状態が生まれているといえるのかもしれません。

　また，子どもの「見てほしい」という願いを静かに受け止め見守っている保育者の存在も，大きな意味をもっていると思います。何気ない日常的な保育の生活文脈のなかに，このような身体が語る「みてて」発話のエピソードが生まれていること，そして，そのさりげない子どもと保育者とのやりとりを通して子どもの心が満たされていくこと，そんな保育の日常を思うとき，そこに秘められた保育の深さ，尊さがあることを感ぜずにはおられません。

4．つぶやきの「みてて」発話
―「思考のなかの三項関係」の再考―

　「みてて」発話の否定形と身体が語る「みてて」発話についてみつめてきました。ここで第3章で述べた思考のなかの三項関係について，もう一度踏み込んで考えてみたいと思うのです。思考のなかの三項関係は，第2章で紹介したつぶやくように自分に発しているのではないかと思われる「みてて」発話（2−3　みててねぇ）を図式化（第3章　図7）したものです。それは，他者との間にある程度の距離が認められ，何かに集中しているひとり遊びのなかで見られ，さらに発話相手は実在しておらず，思考のなかにいる誰かあるいは自分自身なのではないかと考えられる「みてて」発話です。このような独り言のような「みてて」発話が存在し，内言化される可能性があるのではないかという考えは変わらないのですが，基礎的研究以後にも，ただ声が小さいというだけではなく，まさに独り言としてとらえられる「みてて」発話がみられました。ただし，他者とある程度の距離間があるのではなく，同じ空間で，一緒に同じ遊びをしています。さて，どんなつぶやきの「みてて」発話でしょうか。

> **エピソード4−10**　みててよぉー[16]
>
> 　3歳児クラスの廊下で，ショウ，ケン，ナオの3人がウレタン積木で組み立てた長くて大きな長方形状の上に座り，ハンドル（段ボールの手作りハンドル）を持ち込んで，それぞれがハンドルを操作しながら遊んでいます。ケンが「あ　しんごうだ」というと，ナオが「あぶないでーす」と返したり，「〜つきました」とナオが言うと，ケンも「つきました　ガチャン」と言ったりしています。そんなハンドル操作の遊びが続くなかで，ショウのつぶやくような「みててよぉー」という小さな声が聞こえます。近くでハンドル操作をしているケンとナオはショウの方を見ることはなく，ハンドル操作の動きも変わりません。ショウもケンとナオの方を見ることはな

く，気にする素振りもないままにハンドルを握りしめながらの操作が続きます。そのまま，しばらく３人のハンドル遊びが続いています。

　ショウ，ケン，ナオは，長く組み立てられたウレタン積木のなかで，一緒にハンドル遊びをしています。ケンとナオのやりとりは聞かれていますが，ショウとのやりとりは聞かれていません。同じ空間で同じ遊びをしていますので，一見すると一緒に遊んでいるようにも見られるのですが，そんななかでショウが「みててよぉー」とつぶやきました。ショウのつぶやきは，誰に発せられたのでしょうか。ショウは，「みてて」発話の前後に，ケンやナオの方は見ていませんし，ふたりもショウの方を見る姿がありません。そして，ふたりからショウへの返答がなくても，ショウはそのまま変わらずに遊びを続けています。「みてて」発話の前後には，見てもらいたい相手の方を見たり，直接の相手ではなくても別の存在を見たりと，視線が見てもらいたい方向に向けられ，確認をする姿がよく見られます。しかし，このエピソードでは，そんな視線の動きもまったくありません。同じ空間で同じ遊びをしているショウですが，ケンやナオのようなやりとりがない状況を考えると，ショウにとっては一緒に遊んでいるというよりひとりでハンドル操作に夢中になっている状況なのではないでしょうか。視線の動きのない小さなつぶやきによるショウの「みててよぉー」は，他者への伝達機能をもたない自己へのつぶやきの「みてて」発話だったのではないかと思うのです。しかし，見せる対象は，何なのでしょうか。第３章の図７では，「すごいのができるぞー」というように見せる対象（見せたいモノ）がある程度特定できていましたが，ハンドル操作をしているショウの見せる対象は，自分自身の操作に対する思いなのでしょうか。それとも，ケンやナオに対する「ぼくだって」という顕示でしょうか。あるいは，「さー　いくぞー」とでもいうような自分への励ましでしょうか。ショウのいろいろな思いが考えられるのですが，その場を共有していた私には，おそらく，ハンドル操作をしながらショウ自身が心に描いたことを確認するように，ショウ自身に呼びかけた「みてて」発話ではないかと思えるのです。そう考え

ると,「思考のなかの三項関係」の図式は, 発話児―対象―発話相手の関係が,
「みて」や「みてて」の呼びかけ以外, すべて心の動きとして, 図8のように
破線によってつながれるのではないかという考えが, 新たに生まれました。も
ちろん, 第3章の図7のように発話児と対象の見るという関係が実線によって
つながれる場合もあると思います。しかし, 自己へのつぶやきは確かな対象を
確証することはできないのかもしれません。そして, つぶやきの「みてて」発
話においては, 対象が明確に位置づけられていることが重要なのではなく, 自
己の心とのやりとり（自己との対話）になっているという心の動きにこそ, その
大切さが潜んでいるのではないかと思います。その子どもの心の動きを静かに
そっと見守っていくことも大切なことではないでしょうか。

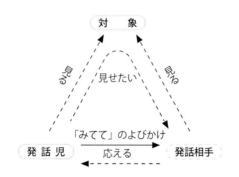

図8　思考のなかの三項関係 Part 2

　私たちも, 自分の思いを心にぶつけて,「みてろよ」と心のなかで叫ぶよう
に「みてて」発話を発しているときがありませんか。おとなの場合は, 頭のな
かで考えたことを声に発せず, 抑制して内言となりますが, つぶやきが多く聞
かれる幼児期は, 内言への過渡期の段階にありますので, このようなつぶやき
の「みてて」発話が聞かれるのではないでしょうか。「言葉が豊かに育つとは
自分に向き合い, 自分との対話ができる『内言』が育つことでもある」[17] と
いわれています。つぶやきの「みてて」発話が聞かれるのも, 心とことばが

育っているからこそなのではないでしょうか。

【注】

1 ）鯨岡　峻「相互主観性」岡本夏木他監修『発達心理学辞典』p.413，ミネルヴァ書房，1995 年。
2 ）同上，p.413。
3 ）鯨岡　峻『原初的コミュニケーションの諸相』p.31，ミネルヴァ書房，1997 年。
4 ）やまだようこ「身のことばとしての指さし」秦野悦子・やまだようこ編『コミュニケーションという謎』p.6，ミネルヴァ書房，1998 年。
5 ）鯨岡　峻・鯨岡和子『エピソード記述で保育を描く』p.18，ミネルヴァ書房，2010 年。
6 ）福﨑淳子『幼児の「みてて」発話における否定形　―「みないで」は本当に見せたくないの？―』pp.12-20，幼児教育学研究，第 14 号，2007 年。
7 ）岩田純一『＜わたし＞の発達』p.69，ミネルヴァ書房，2001 年。
8 ）同上，pp.89-90。
9 ）同上，p.69。
10）福﨑淳子「身体が語る幼児の『みてて』」日本保育学会第 62 回大会，2009 年。
11）福﨑淳子「相互に身体で語り合う『みてて』―子どもと保育者の間で―」日本保育学会第 69 回大会，2016 年。
12）福﨑淳子「相互に身体で語り合う『みてて』(2) ―周囲を取り込む―」日本保育学会第 70 回大会，2017 年，「保育の場における言葉の育ちをどう理解するか」戸田雅美他編「新しい保育講座 10　保育内容　『言葉』」ミネルヴァ書房，2021 年（出版予定）。
13）福﨑淳子「身体が語る『見せたい相手』への意識と視線」日本保育学会第 71 回大会，2018 年。
14）注 3 ）と同様。
15）福井康之『まなざしの心理学』p.158 創元社，1993 年。
16）福﨑淳子「幼児のつぶやきと「みてて」発話　―『思考の中の三項関係』の再考―」日本保育学会第 63 回大会，2010 年。
17）内藤知美「言葉とは何か」内藤知美・荒井美保子編『コンパス　保育内容　言葉』p.7，建帛社，2017 年。

第5章
保育者の「みてて」発話

　これまで取り上げてきた「みてて」発話のエピソードは，基礎的研究においてはもとより，その否定形や身体が語る「みてて」発話も含め，子どもが見せる側（発話者）にある場合に視点をあてながら，子どもの心をみつめてきました。そのため，保育者（観察者も含む）は，いつも子どもから呼びかけられる側（発話相手）に存在していました。しかし，当然のことですが，「みてて」発話は，子どもからだけではありません。保育者からの「みてて」発話も聞かれています。そこで，本章では，「みてて」発話において呼びかける側（発話者）にある保育者の姿に視点を置いて考えてみたいと思います。保育者が子どもに呼びかける「みてて」発話には，どのような思いや願いが込められているのでしょうか。エピソードをもとに子どもと保育者の心の世界を探ってみたいと思います。

1．子どもに向ける保育者の「みてて」発話

　園庭で，「みてごらん」と3歳児クラスの子どもたちに呼びかけた保育者。子どもたちはいったい何を見たのでしょうか。

エピソード5-1　みてごらん[1]

　リョウが，晴れ渡った空を指さし「せんせい　みて　あそこにおうまさんがいる」と叫んでいます。そばにいた保育者も「あ　ほんとだ　おうまさんだね」とリョウの指さす方を見上げると，近くにいた数人の子どもたちも「なんだろう」と集まり，空を見上げます。保育者が「みてごらん

あそこのお家の上にお馬さんがいるよ。リョウちゃんが見つけてくれたお馬」と集まってきた子どもたちに，保育者が指さしながら呼びかけます。子どもたちは，どこどこと空を見上げていると，「あ　いた」と叫ぶリナの声。一斉に他の子どもたちも保育者の指さす方向に目を向けます。すると，リョウは「みて　おうま　はしってる」と叫びながら，雲の動きにそって上を向きながら笑顔で小走りしていきます。他の子どもたちもリョウの後を追うように一緒に小走りしながら，「あそこにライオンがいる」「あれはぞうだ」「くまもいる」「ちがうよ　パンダだよ」という声が飛び交います。いろいろな動物の名前が飛び交っているとき，保育者が「たくさん動物いるね」と子どもたちに投げかけます。すると何かに気づいたように「ここは　おそらのどうぶつえんだ」とリナの叫び声が聞こえます。他の子どもたちも「どうぶつえん　どうぶつえん」と重なるように叫びます。リョウは「ぼくがみつけたどうぶつえんだよね」と保育者に向かって言っています。

　リョウは，ひとりで空を見上げながら雲をじっと見ているうちに，その雲が馬のような形をしているのに気づいたのでしょう。リョウが馬という存在を知っているからこそ発せられた「おうまさんがいる」という叫び声です。保育者も「おうまさんだね」と見つけたリョウの思いを受け止めて一緒にその世界を共有しています。リョウと保育者が共有しているそのやりとりには，おそらく近くにいた子どもたちが「いったいなんだろう」と興味を注ぐだけの力が漂っていたのでしょう。だからこそ，子どもたちが集まってきたのだと思います。さらに，集まってきた子どもたちに保育者が「みてごらん　あそこのお家の上に，お馬さんがいるよ」と呼びかけると，雲の馬を見つけたリナの叫び声とともに，子どもたちも一斉に空の雲を見上げています。保育者が指さす方を見ながら，どこどこと見上げる子どもたちの姿が目に浮かんでくるようです。そして，保育者は「リョウちゃんが見つけてくれたお馬」とリョウの発見をたたえています。リョウにとっても保育者のこの一言は，誇れるうれしさだった

に違いありません。この誇らしさが馬の発見だけで終わらずに，雲の動きをとらえ「はしってる」というさらなる発見を生み出したのかもしれません。リョウにうきうきするような楽しさが生まれていることを感じます。その楽しそうなリョウに，子どもたちも今度は何だろうと一緒についていったのでしょう。そして，他の子どもたちも「わたしだって」「ぼくだって」という思いがあったのでしょう。それぞれの自分のイメージによる動物を生み出しています。ときには，イメージが合わず「ちがうよ　パンダだよ」という思いをぶつける子どももいますが，ついに「おそらのどうぶつえんだ」という表現が生まれます。「どうぶつえん　どうぶつえん」という重なるような叫び声は，子どもたちのなかでイメージされたそれぞれの動物が，ひとつの動物園として共有された瞬間ともいえるでしょう。保育者による「みてごらん」という共同注意を求める「みてて」発話は，リョウの見つけた思いを他の子どもたちにつなげながら，動物園という発想を生み出したのではないでしょうか。保育者の「たくさん動物いるね」というそれぞれの子どもの発想や思いを受け止めていることばの投げかけも，子どもたちの思いをつなげているのではないかと思います。そして，リョウも自分が見つけたことはうれしかったはずです。しかし，「ぼくがみつけたどうぶつえんだよね」と保育者に向かって言っている姿を考えると，自分の発見が広がっていく楽しさとともに，「ぼくがみつけたんだ」という自己アピールの一端も感じられます。そこには自分の発見を忘れないでほしいという念押しもあったのかもしれません。このように，保育者の「みてて」発話には，子ども同士の思いをつなげたり，遊びの発展を支えたりという，子どもの思いや遊びを支えていく力が潜んでいることを感じます。

　次は，砂場で「みててね」と２歳児に呼びかけた保育者。どんな思いで呼びかけたのでしょうか。

───　**エピソード5-2**　　みててね[2)]　───────────
　園庭の砂場で，花形のカップを砂に入れては，カップを逆さまにして砂

を出したり入れたりしているゴウがいます。砂はサラサラしているため，カップを逆さにしても出てくる砂は崩れてしまいますが，逆さまにして出てくる砂を，その度に「あっ」と言いながら指さして，保育者に見せています。その遊びを繰り返しているゴウのかたわらで，保育者もサラサラした砂を使ってゴウと同じようにして見せます。するとゴウもうれしそうに手を叩いています。そのあと，保育者は，少し水を含ませた砂をカップに入れて，「ゴウちゃん　みててね」と言って，カップを逆さまにし，そっとカップを上にあげて見せます。ゴウも保育者のあげる手をじっと見ています。すると，きれいな花形に型どられた砂が顔を出し，それを見たゴウは，目を大きくして保育者の方を見ます。保育者は，「お花の形ができたね」と言いながら，少し湿った砂を掌に載せてゴウに渡し，一緒にカップに砂を詰めると，今度はゴウが自分から手を出してカップを逆さにして保育者の方を見ます。さらにカップを上にあげると花形に型どられた砂が顔を出し，それを見て，ゴウは保育者と顔を見合せ，うれしそうに手を叩いています。そのすぐ後に，ゴウは何かに気づいたかのように別の形のカップを自分で持って来て，湿った砂で，ひとりで型どり遊びをはじめます。型どられた砂を指さしながら，うれしそうに「みて」とゴウが声を出し，かたわらで見守る保育者に見せては手を叩いています。しばらく，この型どり遊びが繰り返されていました。

　サラサラの砂をカップに入れたり出したりして遊んでいるゴウですが，その度に「あっ」と言いながら保育者の方を見ています。ゴウは，砂をカップから出したり入れたりしながら，それ自体を楽しんでいる部分もあるのかもしれません。ゴウの「あっ」という音には，崩れてしまう砂を面白がっていた部分もあるかもしれませんし，それを残念に思う気持ちも混在していたかもしれません。そんなゴウのかたわらにいた保育者はどのようにしたのでしょうか。まず，ゴウと同じようにサラサラの砂を使ってやって見せ，ゴウの楽しむ世界を共有しています。ゴウのうれしそうに手を叩く姿から，保育者と共有できたこ

とがうれしかったに違いありません。次に，保育者は，砂に水を少し含ませて型どりをして見せています。ゴウの「あっ」という声に，崩れてしまう砂へのゴウの思いを感じとったのかもしれません。そして，そのとき発せられた「ゴウちゃん　みててね」という保育者の呼びかけには，さりげなくゴウの好奇心をそそっているように思えます。そっと保育者がカップを上にあげるときに，その様子をじっと見ているゴウの姿が目に浮かんできます。そして，きれいな花形に型どられた砂が顔を出したときの目を大きく見開いて見ていたゴウ。崩れてしまった砂との違いに「わー」と少し驚きを感じたのかもしれません。そのあと，保育者が湿った砂をゴウに渡し，一緒にカップに詰めた後には，ゴウ自身がカップを逆さにしています。自ら手を出している姿は，ゴウの好奇心を映し出しているように思います。今度は，自分でやってみたかったのでしょう。そして，逆さにしたときに保育者の方を見ていますが，「うまくいくかな」とそんな不安気な思いを保育者に向けていたのかもしれません。花形の砂が顔を見せたときの「やったー」というゴウのよろこびが伝わってきそうです。さらに，ゴウは，自分から違う形のカップを持って来ています。カップの型の違いによって作り出される砂の形に気づいたのでしょう。その後，型どり遊びを繰り返し続けているゴウの姿から，遊びを満喫している様子が窺えます。そして，「できたぞー」と言わんばかりに，自信をもって「みてて」発話を発していたのかもしれません。かたわらにいる保育者とその遊びの世界を共有し，楽しんでいる様子がほのぼのとした温かさとともに目に浮かんできます。

　保育者の「みててね」というさりげない呼びかけは，子どもの好奇心を呼び起こし，砂質の違いとともに，カップの型によって作り出される砂型には違いのあることを子どもに気づかせています。そこには，子どもの新たな気づきを導くという，子どもの好奇心や遊びを支える力が潜んでいるように感じます。

　このように，保育者の「みてて」発話には，子どもとともに「いま　ここ」の世界を共有しながら，子どもが何を思い，何を願っているかという子どもの思いに寄り添い，子どもの心の動きに沿って子どもの遊びや活動を支えていく力が潜んでいるのではないかと思います。

2.「みたい」「みせて」[3] に込められた思いは？

保育者の「みてて」発話に視点をあてて観察しているときに，保育者から「みたいなー」「みせて」と子どもに見せてもらうことを要求している姿に出会いました。子どもから保育者に見ることを要求するのではなく，保育者側から子どもに見せてもらうことを要求するというその姿のなかに，子どもに対するどんな保育者の思いや願いが込められているのでしょうか。保育者の「みてて」発話の一環として，ここで，考えてみたいと思います。

<hr />

エピソード5-3　みたいなー　みせて

　3歳児クラスの保育室で，リョウ，ケン，ミク，ナナが「ほら　みて」と紙に書いた絵を見せに，保育者のところにやって来ます。「ぼくの」「ミクちゃんの」「ナナだって」と次々に見せる絵に，「わー　かわいいね」「どれどれ」とそれぞれの顔を見ながら返答する保育者。保育者にそれぞれが見せているところに，ショウが近づき，両手を後ろにしたまま，集団のそばに立って見ています。保育者は，それぞれの子どもに返答しながら，ときどきショウの方に目を向けています。じっと見続けているショウに，保育者が「ショウちゃんも持って来てくれたの？　みたいなー　みせて」と呼びかけます。すると，ショウは一瞬後ろに下がりますが，少し笑

みを浮かべて，後ろに回した手を保育者に差し出します。保育者は，
「わー　ショウちゃんのもかわいいね」と言いながら，両ほほに手をあて
てショウに応えます。他の子どもたちもショウの絵を覗き込み，「ショウ
ちゃんもいっしょにかいたんだよねー」と，ミクが大きな声で説明を加え
ます。これをきっかけに，それぞれが保育者に向けて見せていた絵を，今
度は子ども同士でも互いに見せ合いはじめます。ショウも自然にその輪の
なかに入り，保育者や子どもたちと一緒に互いに絵を見せ合うやりとりが
続きます。

　子どもたちは，自分たちの書いた絵を「ほら」「みて」と言いながら，保育
者に絵を見せに来ていますが，「〜の」「〜だって」と発している子どもたちの
様子から，まず自分の絵を見てもらうことを優先に保育者に見せに来ている
ことが感じられます。その集団のそばにやって来たショウですが，両手を後ろに
したままその様子をじっと見ています。そのショウの姿からは，他の子どもた
ちのように「ぼくのもみて」と主張することができずに，もじもじと尻込みし
ているかのようなショウの思いが感じられます。そんなショウに「持って来て
くれたの？　みたいなー　みせて」と声をかけた保育者。一瞬後ろに下がった
ショウですが，にこっと笑って差し出したショウ。保育者の声かけが，尻込み
していたショウの見せたい思いを後押ししたのでしょう。うれしそうに差し出
すショウの顔が目に浮かんできます。
　「みて」や「みてて」と言える子どももいれば，なかなか言えない子どもも
います。そんな子どもの思いをさりげなく支える保育者の姿が垣間見られたエ
ピソードです。ショウの見せたい思いを読みとりながら，ショウ自らが差し出
す主体性も支えているのではないでしょうか。そして，これをきっかけにそれ
まで保育者にだけ見せていた子どもたちが，子ども同士で見せ合おうとする姿
が生まれています。まだまだ自分中心の3歳児ですが，このような何気ない日
常的なやりとりを通して，仲間とともにいることを感じながら，自分だけの世
界から少しずつ自分たちの世界へと他者との関係を広げていくのではないで

112

しょうか。

エピソード5-4　　みせてくれないかなー

　4歳児クラスの保育室で，サヨとカエが粘土遊びをしながら，互いに作ったものを見せ合っています。保育者がそばに近づくと，サヨが「だめきちゃだめ」と言って，粘土を身体で隠してしまいます。サヨはカエに同意を求めるかのように「だめなんだよね」と呼びかけると，カエもうなずいて応えていますが，ふたりとも笑みを浮かべながら保育者の方を見ています。保育者が，「残念！　なんだろうな？　みたいな　みせてくれないかなー」とつぶやくように言うと，ふたりは一層ニコニコしながら，「だめなんだもんねー」を繰り返し，さらに身体を粘土にくっつけて隠し，保育者の方を見ています。「あーあ　残念だなー」と保育者がつぶやき，「そうか，あとでね　楽しみにしてよっ」とふたりに向けてひとりごとのようにつぶやきかけます。顔を見合わせながらにんわりとした笑みがふたりからこぼれ，粘土遊びが再開します。ふたりは，保育室に留まって他の子どもとやりとりしている保育者の方に，ときどき目を向けています。少しすると，粘土で作ったドーナツとクッキーのようなものをお皿に載せて，保育者に「せんせ」と言って差し出します。保育者から，「わー　ありがとドーナツできたんだ　食べていいの」という声が聞こえています。サヨとカエはうなずき合い，笑顔を保育者に返しています。

　粘土遊びをしているふたりのそばに近づいてきた保育者に，サヨは「きちゃだめ」と，近づくことを拒否し，身体で粘土を隠してしまいます。サヨから「みちゃだめ」ということばは聞かれませんでしたが，来ることと同時に見ることも拒否していることが感じられます。それに対して保育者は，ふたりの遊びに関心を注いでいるかのように，「残念！　なんだろう？　みたいな，みせてくれないかなー」とつぶやくように返しています。この保育者の返答に，サヨとカエの遊びは，楽しさを増したに違いありません。保育者の関心が注がれ

たうれしさとともにふたりだけの秘密の世界をも生み出しているのではないでしょうか。サヨとカエが「だめなんだもんねー」と言いながらもニコニコしている様子が，そんなふたりの思いを語っているように思うのです。さらに保育者からは，「楽しみにしてよっ」とここでもひとりごとのようにつぶやかれています。このつぶやくような投げかけは，より一層ふたりの遊びを刺激したのではないでしょうか。保育者のつぶやきは，真正面からはっきりとした返答として返される以上の効果をもって，ふたりの遊びの楽しさと秘密の世界の深まりを刺激しているのではないかと思います。にんわりとした笑顔が，そんなふたりの思いを映し出しているように思うのです。おそらく，この後の粘土遊びは，保育者に見せたいという思いも含んで再開されたのではないでしょうか。ときどき保育者に目を向ける姿は，保育者の存在を気にしているからこそ生まれているのだと思います。そして，ふたりは，約束を果たすかのように保育者のところに，粘土で作ったものを届けています。子どもの「きちゃだめ」という拒否からはじまった保育者とのやりとりですが，「みせてくれないかなー」という保育者のつぶやきによって，子どもと保育者の心はしっかりとつながれていたことが感じられます。

　また，「きちゃだめ」という子どもの拒否的表現は，第4章2の「みてて」発話の否定形で紹介した「みないで」と同じように，2項対立的な子どもの思いが潜んでおり，完全なる拒否ではなく，むしろ保育者の気持ちを引きつけながら，自分たちへの関心をそそっているのではないかと思います。「みせてくれないかなー」という保育者のつぶやきは，サヨとカエにとって「待ってました」と言わんばかりのことばだったのではないでしょうか。さらに，保育者が保育室に留まっていたのも，そんなふたりの思いを受け止めながら見守っていたからではないかと思います。

　このように保育者の「みせて」には，ことばに表現できない思いや拒否的表現に込められた2項対立的な思いなど，子どもの微妙な心の動きをとらえながら，その思いを静かに支えている保育者の姿のあることが感じられます。そこに，保育者の子どもの育ちへの深い願いや思いが，さりげなく込められている

のだと私は思うのです。

3．子どもと保育者の心をつなぐ

　保育者の「みてて」発話（前節の「みせて」も含め）には，子ども同士の思いを
つなげたり，遊びの発展を支え，新たな気づきへと導いたり，ことばで表現で
きない思いを支えたりという子どもの育ちを支える大切な願いが込められてい
るとともに，そこに，子どもの微妙な心の動きをとらえながら，子どもの思い
を静かに支えている保育者の姿のあることが感じられます。それは，4章でも
述べましたが，心と心がつながれる状態，心の対話によってつながれていく状
態なのではないかと私は考えています。

　そこで，子どもと保育者の双方から「みてて」発話が聞かれているエピソー
ドをもとに，互いに見せ合うその行為を通して，子どもと保育者の心がつなが
れていくことについてもう一度踏み込んで考えてみたいと思います。

┌─── **エピソード5-5** 　みて　お顔が見える[4]────

　大きな木の近くにある砂場で，2歳児クラスの子どもたちとお団子作り
をしている保育者のところに，ルイが色づいた落ち葉を抱えながらもって
来て，「みて」と言って差し出します。「わぁ　きれいね」という保育者の
返答と同時に，ケンがルイの抱えている落ち葉を払いのけようとすると，

ルイは「だめ　ルイの」と言い返します。そのとき，散った落ち葉のなか
に大きめの穴があいている葉があり，それを保育者が拾って，「みて　ル
イちゃんとケンちゃんのお顔が見える」と言うと，ふたりも一緒に反対側
から保育者の顔を覗き込むように見ています。そばにいたミクも別の葉
（穴はあいていませんが）を拾って，覗くようなかっこうをしながら保育者に
見せます。いつの間にか近くにいた子ども同士で，落ち葉を目にあてて覗
き込む遊びがはじまっていました。穴があいていてもあいてなくても笑い
ながら覗き見遊びが続きます。そのうち，ショウが落ち葉を耳に当てて
「ガォー」と言いながらやって来ると，ケンも落ち葉を耳に当て「ライオ
ンだ」と返し，覗き見しながら動物遊びへと変わっていきます。その遊び
の近くで，保育者のそばに座って黙って見ているアヤに，保育者が穴のあ
いた落ち葉をめがねのようにして「みえるかなー」とアヤに向けます。そ
の落ち葉をアヤに渡すと，アヤは自分で落ち葉を耳に当てて保育者に見せ
ます。保育者が「わぁー」とうなずき返したとき，ミクが「みて　うさぎ
さん」とアヤと同じように耳に当てて，ふたりに見せに来ます。アヤはミ
クと一緒にうさぎになったようにうなずき合っています。

　落ち葉を抱えて保育者のところにやって来たルイは，「みて」といって落ち
葉を差し出しますが，その落ち葉を払いのけようとするケンの姿があります。
ケンからことばは聞かれませんが，ケンにとってはルイは邪魔をしにきた侵入
者のような存在だったのでしょう。落ち葉を払うことで，ケンはその思いをル
イに伝えていたのではないでしょうか。語彙が急激に増加する2歳児ですが，
まだまだことばにならずに身体で思いを発することも多く見られる時期です。
一方，ルイにとっては，どうしてそんなことするのという思いが生まれ，「だ
め」とことばで反撃しています。そんなふたりのやりとりには，今にもいざこ
ざがはじまりそうな険悪な雰囲気が漂っています。そのとき落ち葉の穴を介し
ながら投げかけた保育者の「みて　ルイちゃんとケンちゃんのお顔が見える」
という「みてて」発話。その「みて」に引き寄せられるように思わず穴から保

育者の顔を覗きこむふたりの姿があります。覗き込んでいるルイとケンの姿が目に浮かんできませんか。保育者の「みてて」発話は，ふたりに投げかけられています。ふたりに投げかけられたからこそ，ふたりの間にあった不穏な空気はどこかに飛んで行ったのではないでしょうか。もし，このときケンの払いのけようとする行為に，保育者が否定的な注意を促していたら，おそらく違う展開になっていたでしょう。保育者の子どもへ投げかけることばが，いかに重要な意味をもつかを改めて感じさせられます。さらに保育者のこの「みてて」発話は，ルイとケンの間をつなげるだけでなく，その場にいた他の子どもたちにもつながっていきます。落ち葉に穴があいていてもあいていなくても笑いながら覗き見遊びしている子どもたちの姿から，子どもたちにとっては，覗いてみる行為自体が楽しい遊びになっていることがわかります。さらに「ガォー」と言いながら落ち葉を耳に当ててきたショウに，ケンが真似しながら「ライオンだ」と返しています。ルイに無言で手を出そうとしたケンですが，ここではショウと一緒にライオンを共有して楽しんでいます。保育者の「みてて」発話がふたりに投げかけられていなければ，ケンの楽しそうなこの姿は生まれてこなかったでしょう。また，黙って見ていたアヤに対しても保育者は「みえるかなー」と投げかけています。それをきっかけにアヤが落ち葉を耳に当てると，ミクが真似しており，アヤとミクとの心もつながれたように感じられます。

　ルイの保育者への「みてて」発話をきっかけに，ケンの無言の圧力と反撃的なことばのやりとりから生まれたエピソードです。しかし，ふたりを抑えるのではなく，ぶつかり合う気持ちをさりげなく解きほぐすかのようにふたりに投げかけられた保育者の「みてて」発話。それを機に，子どもの関心が落ち葉に寄せられ，動物をイメージする遊びへと発展していきます。落ち葉を耳や目に当てながら，動物に成り切って遊ぶ子どもたちの笑顔が目に浮かんできそうです。また，その遊びをじっと見ているアヤにも保育者は落ち葉を介してまなざしを向け，心の世界をつないでいるように思えます。そこには，互いの「みてて」発話を通して，子どもの見せたい思いを受け止める保育者がいるとともに，子どもの側も保育者の思いや願いを受け止めるという心の対話があり，互いの

気持ちが「つなぎ合う」という相互理解の姿が潜んでいるように思えます。

　保育者の「みてて」発話をきっかけに落ち葉の穴から保育者の顔を覗き込むルイとケン，落ち葉を耳に当ててライオンに成り切るケンとショウ，アヤとミクも保育者の「みえるかな」という投げかけを機にウサギになっています。他の子どもたちも落ち葉を介して覗き見しながら互いに見せ合っています。砂場で落ち葉を手にして遊ぶ子どもたちとそれを見守る保育者の姿が目に浮かんできませんか。そこには，ぬくもりのような温かさと穏やかな空気の流れが漂っていることを感じます。それは，互いの心と心がつながれていく状態が生まれているからなのではないかと思うのです。さりげない保育の日常には，このような心と心がつながれていく状態が，日々生まれているのだと思います。

　このような心と心がつながれていく状態は，鯨岡の述べる『接面』という表現に通じているのではないかと私は考えています。では，接面とはどういうことでしょうか。鯨岡は，「気持ちを向け合う二人のあいだに生まれる独特の空間を意味します。（中略）少なくとも一方が『いま　ここ』において相手に気持ちを向けているときに成り立つ空間ないし『あいだ性』を意味するものです。ここでは相手に気持ちを向けている（持ち出している）ということが接面の成立条件といってもよいでしょう」[5]と説明しています。エピソードにおいて落ち葉を介して遊ぶ子どもたちの「いま　ここ」の世界は，互いに相手に思いを向けながらふれ合っています。そこに心と心がつながれていく，心の接面があるのではないかと私は考えています。

4．保育者の「みてて」発話における機能

　第3章において，子どもの「みてて」発話について，共感的機能，方略的機能，媒介的機能をあげました。共感的機能は，一般的な機能に指摘されている「みてて」発話がもつ作用（安心感や満足感を得る）はもちろんですが，本書では，園生活の積み重ねによって，触発し合ったり，新たな遊びを見出したり，仲間意識を広げたりとより複雑化した現象が生まれており，そこに一般的な共感だけでない子どもの思いや願いの深さを生み出す共感的機能が潜んでいることを述べました。そして，複雑化した現象のなかには，このような共感的機能だけに留まらず，それを超えて，二次的目的を達成しようとする意図的な方略性の含まれる方略的機能と他者の気持ちや行動を推測することで共感的かかわりを媒介に二次的な気持ちを伝える媒介的機能のあることをあげました。特に，媒介的機能には，方略的機能に比べると，謝罪や激励という心に響くような情緒性が込められており，繊細な子どもの心の動きによって媒介的に機能している場合を考えました。

　では，保育者の「みてて」発話にはどんな機能が考えられるでしょうか。前節で述べたように，保育者の「みてて」発話は，子ども同士の思いをつなげたり，遊びの発展を支え，新たな気づきへと導いたり，ことばで表現できない思いを支えたりしている側面があります。それは，子ども側の視点に立って子どもの思いや願いに寄り添いながら，子どもの心の動きに沿って子どもの育ちを支えていこうとする役割でもあり，その役割を果たす機能が潜んでいるのではないでしょうか。

　前節で鯨岡の指摘する『接面』ということにふれましたが，鯨岡は「この接面から，その子の（その子たちの）の思いや心の動きが保育者に掴めてくると，それを受け止めてあげよう，わかってあげようという保育者の心の動きが生まれ，そこからそれに沿った対応が自然に紡ぎ出されて子どもに返されます」[6]と述べています。子どもの思いや願いを感じとりながら，保育者が子どもの心

の動きを支えている姿が，まさに保育者の「みてて」発話のなかに潜んでいるのではないかと思うのです。

エピソード5－1では，馬のような形の雲を見つけたリョウの思いを受け止め，さらに，他の子どもたちに「みてごらん」と呼びかけて，リョウのその思いをつなげた保育者がいます。エピソード5－2では，カップを逆さにしてもサラサラの砂のため崩れてしまう状態で遊んでいたゴウに，「みててね」と呼びかけ，湿った砂を使うことで型どりできる気づきを導き，さらに遊びへの好奇心と楽しさを伝えた保育者がいます。エピソード5－3では，「みて」とことばにできないショウの思いを受け止め，「みせて」と呼びかけることで，ショウが自然に見せることのできる状況を生み出した保育者がいます。エピソード5－4では，「きちゃだめ」という拒否的表現に込められた2項対立的な思いを受け止め，「みせてくれないかなー」というつぶやきでサヨとカエの微妙な心の動きをとらえながらその思いを支えた保育者がいます。エピソード5－5では，ぶつかり合うルイとケンの気持ちをさりげなく解きほぐすようにふたりに投げかけた「みてて」発話。それを機に子どもの関心が落ち葉に寄せられ，動物をイメージする遊びへと発展し，遊びを楽しみ合う子どもたちの姿を生み出した保育者がいます。

このように，保育者の「みてて」発話には，共感的機能を土台に，遊びの発見や気づきを促したり，子どもの思いを汲みとったりと，子どもを思う保育者の願いが込められており，共感的機能とともに，そこに子どもへの願いを託した媒介的機能が重ね合わされているのではないかと思うのです。

第3章の子どもの「みてて」発話において，共感的機能の「みてて」発話を一次的「みてて」発話，方略的機能と媒介的機能の「みてて」発話を二次的「みてて」発話と位置づけ，そこに重層的な育ちの過程があるのではないかと述べましたが，保育者の「みてて」発話を考えると，もちろん共感的機能はあるのですが，それを伴いながら子どもへの保育者の思いや願いによって媒介的機能がはたらいていることを感じます。子どもの「みてて」発話とは異なり，保育という営みのなかだからこそ生まれる媒介的機能の「みてて」発話があ

120

り，それを保育特有の三次的「みてて」発話と位置づけてみてはどうかと考え
ています。もちろん，共同注意請求発話として見るものを共有することによる
共感的機能だけの場合や意図的な方略性が含まれる場合もありうると思いま
す。しかし，心に響く情緒性や繊細な心の動きという視点から，本章で紹介し
た保育者の「みてて」発話は，媒介的機能に属していると考えてみたいと思っ
ています。そして，第3章でも述べましたが，二次的「みてて」発話は一次的
「みてて」発話を土台に生まれますが，二次的「みてて」発話によって一次的
「みてて」発話が消え去るわけでなく，混在しながら並存し続けていると同じ
ように，三次的「みてて」発話も混在し併存し続けます。でも，保育者という
立場だからこそ生み出される「みてて」発話の媒介的機能が，保育の営みの重
要性や深さを物語っているのではないかと思うのです。ある意味では，三次的
「みてて」発話は，人が一定の役割（保育者として，保護者としてなど）をもってか
かわるからこそ生まれる「みてて」発話であり，共感的機能と媒介的機能が融
合していると考えてみることができるのかもしれません。この位置づけについ
ては，今後さらなる検討をしていく必要があると思いますので，ここでは，ひ
とつの考え方として述べるに留めておきたいと思います。

　このように，子どもの「みてて」発話は，子ども自身の思いを軸に「見るこ
と」の要求が発せられているのに対し，保育者の「みてて」発話は，子ども側
の思いを軸に寄り添い，その思いを受け止めようとする保育者の子どもへの願
いや思いから生まれていると考えられます。それは，子どもの心の動きに沿っ
て，保育者も心を動かしながら対応している姿なのではないでしょうか。

　さりげない日常的な保育の生活文脈のなかで生まれる「みてて」発話です
が，そこに，保育者としての専門性が潜んでいることを感じます。何気ないか
らこそ，目に見えないものであり，見過ごされてしまう保育者の「みてて」発
話かもしれません。しかし，さりげないその「みてて」発話のなかに，保育の
専門性が紡がれている場合があることを感ぜずにはおられません。

【注】

1）福﨑淳子「幼児によびかける保育者の『みてて』発話」日本保育学会第 66 回大会，2013 年，「保育の場における言葉の育ちをどう理解するか」戸田雅美他編「新しい保育講座 10　保育内容　『言葉』」ミネルヴァ書房，2021 年（出版予定）。

2）福﨑淳子「幼児によびかける保育者の『みてて』発話」日本保育学会第 66 回大会，2013 年。

3）福﨑淳子「保育者の『みせて』から探る子どもの心の動き」日本保育学会第 67 回大会，2014 年。

4）福﨑淳子「『みてて』発話からとらえる相互理解」日本保育学会第 67 回大会，2015 年，「保育の場における言葉の育ちをどう理解するか」戸田雅美他編「新しい保育講座 10　保育内容　『言葉』」ミネルヴァ書房，2021 年（出版予定）。

5）鯨岡　峻『子どもの心を育てる新保育論のために』p.7，ミネルヴァ書房，2018 年。

6）同上，p.33。

第6章
子どもの「見せたい」思いによせて

　前章において保育者が子どもに向ける「みてて」発話についてみてきましたが，そこには，子ども側の「見せたい」という思いに寄り添い，その願いを受け止めようとする保育者の子どもへの思いが込められていることがみえてきました。

　本章では，その子どもの「見せたい」という思いについてもう少し考えてみたいと思います。私が「みてて」発話のエピソードを追究していくなかで，「みてて」発話とは少し異なる表現（たとえば「みせてあげる」）や自分への注目を確認するかのように相手をちらっと何度も見る子どもの視線の動きなど，「見せたい」という思いにつながると思われるエピソードにも出会ってきました。そこで，これまで取り上げていなかったこれらのエピソードをもとに，子どもの「見せたい」，「見たい」「見てもらいたい」などの思いを通して，子どもの心の世界をみつめてみようと思います。エピソードから，どんな子どもの心の動きがみえてくるでしょうか。

1.「みせてあげるね」に込められた思いは？

　これまでの子どもの「みてて」発話（否定形や身体が語る「みてて」発話も含めて）については，子どもが見ることを要請している場合，つまり見てもらうということを中心にみてきました。この要請は，「～してほしい」という見ることをお願いしており，依頼の意味が含まれていると考えられます。しかし，この依頼とは異なり，「～してあげる」という形で，相手に自分から見せることを授けようとする「みせてあげます」や「みせてあげるね」という子どもの呼

124

びかけが聞かれています。この「みせてあげる」は,「〜してあげる」という
形と「〜してもらう」という形が一対になり,「授受動詞(やりもらう動詞)」と
呼ばれており,そこには「恩恵や援助」の意味が入っているといわれていま
す。そんな意味をもつといわれる「みせてあげる」という子どもの呼びかけで
すが,そこからどんな子どもの心の動きがみえてくるでしょうか。「見せたい」
という子どもの思いによせて,「みせてあげる」[1]というエピソードからみつ
めてみたいと思います。

エピソード6-1　はい　どうぞ

　4歳児クラスの保育室の工作台で,マイが粘土を細長くくるくる巻きな
がら何かを作っています。かたわらにいた観察者(私)が何気なくマイの
方に目を向けると,マイは,「だめ　みないでください」と言って身体で
粘土を隠してしまいます。観察者は少し笑みを浮かべながらうなずき,
「あー　ごめんなさい」とささやくように口を動かして目をそらします。
観察者は目をそらしましたが,視野には,マイの姿が少し入っており,と
きどきマイの視線が向けられることが感じとれます。しばらくすると,マ
イが「くるくるパンができましたー。みせてあげまーす」と言いながら,
さっき作っていたくるくる巻きの粘土をお皿に載せて観察者のところに
持ってきました。「わー」という観察者の声と重なるように,マイは「お
またせしました。はい　どうぞ」と言って,観察者に手渡し,観察者が食
べるのをじっと見ています。「おいしいね」と言うと,マイはにこにこ笑
いながら「おかわりもってきまーす」と言って,小走りで工作台からお皿
に載せて,また観察者のところに持ってきました。

　マイは,はじめは「みないでください」と観察者が見ることを拒否していま
す。しかし,その後,「みせてあげまーす」と言いながら観察者のところに
やって来たマイ。この2つの対立することばの表現に,マイのどんな思いが込
められているのでしょうか。

　「みせてあげる」ということばは，先に述べたように，「恩恵や援助」の意味
が入っているといわれています。マイの「みせてあげます」にも，確かに「み
たかったでしょ　だからみせてあげるね」という恩恵に値するかのような思い
が込められていることが考えられます。いったんは「みちゃだめ」と拒否して
いるマイですが，観察者が向けた目を通して，見たいという観察者の思い（何
気なく目を向けた観察者にとっては，見たいという強い意識はそれほどなかったと思うので
すが，マイにとっては，おそらく見たいと思っているはずという想像があったのではないか
と思います）に応えようとしたからこそ，持って来てくれたのでしょう。また，
マイの拒否には，第4章の否定形におけるエピソード4－2（うずまきパン　でき
た）と同じような2項対立的感情（見せるという本音が対比的に意識される）も含
まれているように思います。見たいという相手の期待を拒否することで，その
思いをより刺激したり，関心をそそったりしていることも考えられます。観察
者が目をそらした後，ときどき観察者の方に目を向けていたマイの様子から，
拒否しながらも観察者を意識していたことが感じられます。観察者にとって
も，気になる存在になっていたからこそ，マイの視線を肌に感じていたので
しょう。そして，「わー」という観察者の声と重なるように発せられたマイの
「おまたせしました」や「はい　どうぞ」という呼びかけは，まさに意識して
いたことの証しではないでしょうか。さらにここでの拒否には，相手の関心を
より高めるとともに，エピソード4－2（うずまきパン　できた）と同じように，
次の見せる行為を生み出す保留的な意味合いもあったのかもしれません。ま
た，マイの「おまたせしました」ということばには，さっきは「ごめんなさ
い」ということばにはならない謝罪の思いも込められていたのではないか，と
その場を共有していた私には思われます。「おいしいね」という観察者のこと
ばをうれしそうに聞きながら「おかわりもってきまーす」と小走りする姿のな
かに，そんなマイの思いを感じるのです。このように，「みせてあげまーす」
という表現には，観察者と心をつなげようとする繊細な子どもの心の動きが，
重なり合っているのではないかと思います。

126

エピソード6-2 みせてあげるね

　4歳児のタクトが積木型の長椅子に座りながらシャボン玉を作って遊んでいるところに，3歳児クラスのケンが保育者と手をつないで通りかかります。ケンは，プールに入れないために保育室で遊んでいたのですが，ケンの気持ちの切り替えもあり，保育者が一緒に園庭の方に行こうとしていたようです。そのケンが，タクトが座る長椅子のわきに座ろうとします。「ここにいる？」と保育者がケンにやさしく問いかけると，ケンがうなずきます。「タクトくん　ケンちゃん，ここにいたいんだって」と言うと，タクトから「いいよ」という返事が返ってきます。ケンは長椅子のわきにちょこんと座りますが，座るとじっとしています。タクトは，ときどきケンの方に目を向けながらシャボン玉を吹き続けますが，少しすると，ケンに近づき，じっと座ったままのケンの方を向いて，「みせてあげるね」と言って，シャボン玉を吹いて見せます。たくさんのシャボン玉がケンの目の前で飛び交います。タクトは，ケンの顔を再度見て，床に落ちるシャボン玉をすくい取るように，手を差し出します。するとケンもタクトの真似をして，シャボン玉をすくい取ろうと手を出し，ふたりで一緒にシャボン玉をすくい取りながら笑いが生まれます。こうしてタクトが吹くシャボン玉を，ケンがすくい取る遊びがはじまります。

　じっと座っているケンに，「みせてあげるね」と呼びかけたタクト。ひとりでシャボン玉遊びをしていたタクトですが，そのそばにやって来て長椅子に座りじっとしている年下のケンの気持ちを，そっと励ますような思いがあったのかもしれません。「恩恵や援助」の意味が含まれるという「みせてあげる」ということばを投げかけることで，気持ちを励ましながら，シャボン玉遊びに誘い込むような援助的な側面が含まれていることを感じませんか。そのことばの意味をタクトが理解して使っていたかどうかまではわかりませんが，「みてて」という要請ではなく，「みせてあげるね」と表現したタクトのなかに，自分が見せてあげるのだという，年上として主導権をもつ立場にあることを無意識的

にも感じ取っていたのかもしれません。

　「みせてあげる」という視点から学会発表をおこなったときに，ある幼稚園の先生から，このことばは年少よりも年長から聞かれることが多いように思う，というご示唆を受けました。私の観察では，5歳児クラスで「みせてあげる」というエピソードを得ることはできなかった（声は聞かれても，前後の文脈をしっかりとらえてエピソードとして描くことは叶いませんでした）のですが，「〜してあげる」という授受動詞としてのもつ意味を考えると，「みてて」という依頼要請よりも，相手に授ける立場としての主導性があることも考えられます。この主導性が反映して，年少児クラスに比べると，ある程度の関係性ができている年長クラスで聞かれることが多いと考えることもできるかもしれません。しかし，いずれにしても，友だちや仲間との関係を深めていく過程において，子ども自身の置かれているそれぞれの立ち位置のなかで，ことばにおける語形変化を伴いながら，心とともにことばも育っていくからこそ，「みせてあげる」という発話も生まれているのではないかと思います。

　また，「みせてあげるね」というタクトのことばのなかに，年下のケンをいたわるような思いやりの優しさも含まれているように，私には思えます。ケンと手をつないで来た保育者に，「いいよ」と返事したタクト。そのことばには「ぼくに任せて」というタクトの心の声も重なって聞こえてきそうな気がします。ケンにシャボン玉を吹いてすくい取って見せることで，タクト自身も年長者としての優越感だけでなく，一緒に遊ぶ楽しさも感じていたのではないでしょうか。そんなタクトに引きずられるように，思わず手を出してすくい取るケン。笑っているふたりの姿が目に浮かんできませんか。そこに，ふたりの心がつながれた温かな光景が生まれていることを感じます。

　このように，「みせてあげる」という呼びかけに，そのことばのもつ「恩恵や援助」の意味はもちろんですが，エピソード6−1のマイと観察者，エピソード6−2のタクトとケンの心の動きを考えると，相手との関係をつなぐきっかけになっているとともに，そこに，繊細な子どもの相手を思う気持ち（謝罪やいたわりなど）も添えられており，それぞれの心と心がつながれていく状態があるように思われます。

2．「見られる」ことに込められた思いは？

　これまでのエピソードにおいて，気になる存在へ無言で目を向けるという，子どもの視線の動きがよく見られています。たとえば，これまでのエピソードをふり返ると，前節の「みせてあげる」におけるエピソード6−1（はい　どうぞ）」では，はじめ見られることを拒否していますが，観察者を気にするようにときどき目を向けている4歳児の姿がありました。エピソード6−2（みせてあげるね）においても，じっと座ったままの3歳児にときどき目を向けている4歳児の姿がありました。2章のエピソード2−4（お兄ちゃんになったんだ！）では，そばでじっと見ている3歳児の視線を感じながらも，保育者への「みてて」発話によって承認・賞賛を得たあとに，3歳児に視線を向け，より一層の優越感を得ていた4歳児の姿がありました。4章の「みてて」発話の否定形においても，拒否しながらもその相手に何度も視線を向けている子どもたちの姿がありました。身体が語る「みてて」発話のエピソード4−6（まなざ

しを受けて）では，自分に視線が向けられていることをあえて気にしていない
素振りを見せながら，その視線が向けられているかをちらっと見るという5歳
児の姿がありました。5章における保育者の「みてて」発話においても，保育
者にときどき視線を向けている子どもの姿（エピソード5-4みせてくれないか
なー）がありました。このように「みてて」発話に関連して取り上げたエピ
ソードのなかには，発話とは別に無言で視線を向けることで自分が見られてい
るかどうかを確認するかのような，まさに相手を意識している子どもたちの姿
がありました。そこには，自分に向けられている視線を意識しながら，自分を
「見せたい」「見てもらいたい」という思いが重なっているのではないかと思い
ます。そこで，「見せたい」思いによせて，視線の動きをとらえることのでき
たエピソードのなかで，これまで取り上げていなかったエピソードをもとに，
視線の動きに注目しながら，子どもの「見られる」という視点から，その心の
動きをもう一度踏み込んでみつめてみたいと思います。そのため，ここで取り
上げるエピソードは，第4章の3の身体が語る「みてて」発話で取り上げたエ
ピソードの観察とは方法が異なり，観察のみ（保育に参加しない観察）により，
観察者として子どもの遊びの世界を共有しながらも，視線の動きに注目して記
録したエピソード[2]を取り上げています。

エピソード6-3　おかいものにいってきました

　3歳児クラスの保育室前の廊下で，サヤ，マキがウレタン積木を積み重
ねたり，横に並べたりしながら遊んでいます。ふたりは平行遊びのような
状況で，それぞれが積木を積んだり並べたりしています。少し離れたとこ
ろでは，ヒロキが積木に座って，手作りのハンドルを持ちながら自動車に
見立てて遊んでいます。観察者がその様子を見ていると，サヤの目が観察
者にときどき向けられます。観察者が立ち上がろうとすると，サヤも積木
遊びの手を止めて，何かに気づいたかのように，小走りで保育室に行き，
ブロックやままごと道具の詰まった布袋を持ってきます。サヤは，観察者
がその場にいることを確認するかのように観察者に布袋を掲げて見せま

す。その後，「おかいものにいってきました」ととなりのマキに向かって呼びかけます。サヤは，積み重ねた積木の上に食べ物のおもちゃを容器に入れて載せ，「おべんとう　できました」「おでかけでーす」とつぶやきながら，そのときも観察者の方に目を向けます。そして，「おべんとうができましたよ」ととなりのマキにお弁当を見せると，マキも覗き込みます。すると，ふたりは笑みを見せ合い，サヤは観察者の方に目を向けながら，マキの耳にひそひそと話しかけ，少し離れたところで自動車の見立て遊びをひとりでしているヒロキのところへ行きます。サヤがお弁当を差し出して，「たべませんか」とヒロキに誘いかけると，ヒロキはもぐもぐと口を動かして応えます。そのときにも，サヤの目がちらっと観察者に向けられます。そして，サヤがヒロキの自動車に乗り込み，「おでかけでーす」と叫ぶと，マキも続いて乗り込みます。ヒロキは「ブッブー」といいながら，ハンドルを回す真似をし，３人で遊びはじめますが，このときにもサヤの目が観察者にちらっと向けられます。

　ひとりで積木遊びをしているときに，その様子を見ていた観察者に何度か目を向けているサヤ。何をしているのかを見ている観察者の存在を，サヤが意識していることが感じられます。観察者が立ち上がろうとすると，サヤも積木遊びの手を止めて，何かに気づいたかのように小走りで保育室に行くのですが，観察者が立ち上がろうとしたからこそ，サヤは保育室に布袋を取りに行ったのではないでしょうか。サヤの行かないでという観察者への心の声が聞こえてきそうなサヤの行為です。そんなサヤの思いに引きずられるように，観察者も思わずそこに留まってしまいました。そして，保育室から持って来た布袋を観察者に掲げて見せたのは，観察者がいたことの確認でもあったと思いますが，観察者がまだいたことに対する安堵感のような思いも混じっていたかもしれません。「見られている」という受け身的な意識とともに，「見ていてほしい」という能動的なサヤの思いが重なっていたのではないかと思います。そして，マキに「おべんとうができましたよ」と誘いかけ，マキの耳にひそひそと話しかけ

ているサヤの姿には，何をしているのかな，という観察者の関心をより一層高
める効果を担っていたように感じられます。サヤがそのことを意識していたか
どうかまではわかりませんが，観察者に目を向けながら，ひそひそ話しかけて
いるサヤの姿には，まさに注目への期待感を重ねながら「見せたい」という思
いを身体中が語っているように感じられます。その後，マキと一緒にヒロキに
も誘いかけますが，このときにもサヤの目がときどき観察者に向けられていま
す。そして，サヤの誘いにヒロキも応え，ピクニックにでも行くかのような自
動車遊びがはじまりました。このようなサヤが観察者に目を向ける姿から，
「見られている」ことの意識が，ある意味では，遊びに活動性を加え，それま
で直接的なかかわりをもっていなかった友だちを取り込む関係を生み出してい
るのではないでしょうか。子どものなかにある「見られる」という受け身的な
意識と「見せたい」という能動的な意識が重なり合って，次の遊びを生み出す
きっかけにもなる場合があるのかもしれません。また，一緒に遊んでいたマキ
とヒロキの視線は，サヤほどに観察者に向けられた記録がありませんでした。
観察者に目を向けるサヤを観察者も意識し，サヤに注目する観察者がいたのか
もしれません。それに応えるように，遊びを展開していたサヤの意識を否定で
きませんが，そのときのサヤは，それだけ見られることに意味をもっていたの
ではないかと思うのです。サヤにとって，見られているという自分への注目
が，暗黙の賞賛や承認につながり，次への遊びへとつながっていったとも考え
ることができるのではないでしょうか。

エピソード6-4　　○○でんしゃだよね

　3歳児クラスの保育室の隅で，電車の絵本を見ているゴウの方を観察者
が見ていると，ときどきゴウの目も観察者の方に向けられます。ゴウは絵
本を床に置くと，電車を指さしながら，確認するように「○○でん
しゃ・・・」と観察者に聞こえるくらいの大きさで言いながら，ときどき
観察者の方もちらっちらっと見ています。観察者が立ち上がろうとする
と，急に近くでブロック遊びをしているタイキに「○○でんしゃだよね」

と観察者に聞こえるくらいの大きさで声をかけ，絵本の絵を見せます。ゴウは，タイキがそれに応じなくても気にする様子はなく，ページを繰りながら「○○でんしゃ」と電車の名前を言い当てながら，その場に留まった観察者の方をちらっと見ます。最後のページまで辿り着き（わからないときは，飛ばしているようでしたが），電車の名前を言い終わると，観察者の方に目を向けて「おっしまーい」と言って絵本を閉じました。その後，すぐに，小走りで別の電車の絵本を持って来ます。そして，また同じ場所に座り込み，同じように観察者に聞こえるくらいの大きさで，ときどきちらっと観察者の方を見ながら，電車の名前を言い当てていきます。観察者も片づけの声がかかるまでその場に留まり，別の子どもの様子も見ながら，ゴウの方にも目を向けます。片づけのときには，ちらっと絵本の表紙を観察者に向けて見せてくれるゴウの姿がありました。

絵本を見ていたゴウが，床に絵本を置いて，観察者に聞こえるくらいの大きさで「○○でんしゃ」と電車の名前を言いはじめました。観察者の目がゴウに注がれているのを感じとったのかもしれません。だからこそ，観察者に聞こえるくらいの大きさで「○○でんしゃ」と言って聞かせたのではないでしょうか。さらに，観察者が立ち上がろうとすると，ゴウもそれにあわせるかのように，タイキに呼びかけます。観察者も思わず何かしらという思いで，そこに留まりました。ゴウのタイキへの声かけは，観察者の目を引き止めるだけの力をもっていたのだと思います。それをどこまで意識していたかはわかりませんが，エピソード6－3のサヤと同じように，「見られている」という受け身的な意識とともに，「見ていてほしい」という能動的なゴウの思いが重なっていたのではないでしょうか。そして，電車の絵本を見ながら，ゴウの視線はいつもちらっとという形で，観察者に注がれています。まさに，観察者の見ていることを確認している証しではないかと思います。1冊目の絵本が終わると「おっしまーい」と言って小走りで別の絵本を持って来たゴウ。まるで観察者に「待ってて」と言わんばかりのようにも思えます。参加観察ではなく子ども

と直接かかわらない観察者としてその場にいたのですから，静かに見守る形ですが，最後にちらっと絵本の表紙を観察者に向けて見せてくれたゴウの姿を思うとき，ゴウと観察者は，直接的な物理的かかわりはありませんが，心のなかでゴウと観察者が一緒に絵本を見ているかのようにつながっていたのではないかとさえ思えてきます。また，観察者の目を何度も確認する姿には，見られることによって生まれる優越感とともに，自分に向けられる暗黙の承認や賞賛がそこにあることを感じとっているようにも思えます。見られているからこそ，電車の絵本を見続けたゴウの姿だったのかもしれません。その意味では，エピソード6−3のサヤのときと同じように，そのときのゴウは，それだけ見られることに意味をもっていたのではないでしょうか。

　このように，見られることによって，見せたい思いに拍車がかかり，それが新たな遊びや継続を生み出している場合もあるのだと思います。それは，保育者の見守るという視線とは異なりますが，視線を通してつながり合う心の関係が生まれていたともいえるのではないでしょうか。一方で，子どもの遊びにどのように影響していくか，という問いかけもあります。観察者の視線が，子どもの思いとつながるべきではないという考え方もあると思います。しかし，この議論は別の議論になりますので，ここでは，視線の動きからとらえる子どもの思いを，こんな風にもとらえられるのではないかというひとつの投げかけとして述べるに留めておきたいと思います。

3.「なに　みているの」に込められた思いは？

　子どもの「見せたい」という思いによせて「みせてあげる」や視線の動きをみつめてきましたが，そこでは，見てもらったり，見られたりという見られる自分側への注目に視点が置かれていました。しかし，観察をしていると，「なに　みているの」[3]という他者の見る行為に関心をよせている子どもの発話にも出会いました。ここでは，そんな子どもの発話をみつめてみたいと思います。

エピソード6-5　　あ　カマキリだ

　園庭の脇のつる草の付近で，3歳児のユイが何かを見つけて保育者に手を振り，保育者と一緒にしゃがんで見ているところへ，同じクラスのタクがやって来て，保育者に向かって「なに　みてんの」と問いかけます。そこには，つる草につかまってじっとしているカマキリがいます。タクが「あ　カマキリだ」と言って手を出して捕まえようとすると，ユイが「だめ」と大きな声で叫びながら，タクの手をさえぎります。ほぼ同時に，保育者が「どうする？」と問いかけるかのような表情でタクの顔を見ると，タクは手を引っ込めます。「うごかない」と言いながらじっとみつめるユイと一緒にタクも見ています。保育者が「そっとしてあげようか」と言うと，タクがうなずき，ユイと一緒に立ち上がり，少しだけ離れたところにある植木鉢のところへ移動しますが，すぐに，タクは，カマキリのそばに戻ります。すると「あ　うごいた」というタクの叫び声。ユイもすぐにそばにやって来ます。カマキリをじっと見ているふたりのそばに，静かに保育者もやって来て「ほんとだ　動いたね」と微笑み返します。カマキリはまたじっと止まってしまいましたが，ユイが人差し指で「シー」とすると，タクも同じように人差し指を口に当てます。その後，ときどき後退りしたり，近づいたりしながら，ふたりで少しの間じっとカマキリを見続け

ています。

　タクは，ユイと保育者が見ているものが，一体何であるのかと気になったの
でしょう。ふたりのそばに近寄り，「なに　みてんの」と問いかけています。
しかし，返事が返ってくる前に，タクはカマキリがいたことに気づいたようで
す。思わずつかもうとしますが，ユイの制止を受けてしまいます。そばにいた
保育者は，ユイの制止とほぼ同じくらいのタイミングで，無言で，タクにどう
するかという表情で静かに問いかけると，タクは手を引っ込めています。その
保育者の表情が影響していると断定はできませんが，タクの手が止まったのに
は，何かを感じとったタクがいたからでしょう。「なに　みてるの」と問いか
けたときにはふたりの様子への関心があったはずですが，カマキリを見つけた
とたん，タクひとりの世界に入っていったのかもしれません。それが，ユイの
制止と保育者の無言の問いかけによって，ともに居る世界に戻ったのかもしれ
ません。「しまった　ごめんなさい」とでもいっているかのようなタクの心の
声も聞こえてきそうですが，反射的なものかもしれません。しかし，「うごか
ない」というユイのことばとともに，一緒に見入るタクの姿には，見ることを
共有する世界が生まれていることを感じます。「なに　みてるの」は，他者の
見ているものへの関心と同時に，その見ている世界を能動的に共有する契機に
もなっているのではないでしょうか。そして，その後「そっとしてあげよう
か」という保育者の投げかけに応じて，少しだけ移動しますが，やはり気に
なったのでしょう，タクは戻ってきます。でも，移動したことが功を奏したの
かもしれません。カマキリは少しだけ動いたようです。少し動いたカマキリに
気づいたタクが「うごいた」と叫ぶと，ユイもすぐにそばにやって来ます。カ
マキリが動いたことが，ふたりにとって本当にうれしかったのでしょう。カ
マキリへの関心も深まっているように思えます。静かにふたりの後についてきた
保育者には，そんなふたりの姿が予期されていたのかもしれません。保育者の
「そっとしてあげようか」という投げかけに，保育者の子どもへの思いを感じ
ます。また，「シー」と人差し指を口にあてたり，後退りしたり，戻ったりし

ているタクとユイの姿に，カマキリをみつめる世界がひとつに共有されている
ことを感じます。「なに　みてるの」という問いかけは，他者の見ていること
への関心があったからこその発話ですが，仲間入りなど，遊びへの参加にもつ
ながる役割を担っているともいえるのではないでしょうか。

エピソード6-6　　たかくなったよ

　4歳児クラスの保育室の片隅で，ケンがカプラを積み上げながら塔を
作って遊んでいます。観察者がケンから少し離れたところで，別の子ども
の遊びを見ていると，ケンが「なに　みてるの」と観察者に問いかけてき
ます。「お友だちがなにしているのかな，と思って」と言いながらケンの
方を見ると，ケンは黙ってカプラを積み上げ，ときどき確認するかのよう
に，ちらっと観察者の方に目を向けます。しばらくケンの方を見ていた観
察者が保育室を移動しようとすると，ケンは「たかくなったよ」と大きな
声で叫び，観察者と目を合わせます。観察者が立ち止まりケンの方を見る
と，また黙ってカプラを積み上げはじめ，さっきと同じようにときどき観
察者の方を見ながら，自分の背の高さを超えたところで，「できた！」と
観察者に指さして見せます。観察者がうなずきながら微笑み返すと，ケン
もうなずき，作った塔の横に，別の塔を組立てはじめます。

　ケンの「なに　みてるの」という観察者への問いかけをきっかけに，観察者
がケンの方を見ると，その後もときどき観察者が見ていることを確認したり，
観察者が移動しようとしたとたん，大きな声で「たかくなったよ」と叫んでい
ます。このケンの「たかくなったよ」という叫びは，前節の「見られる」で紹
介したエピソード6-3のサヤやエピソード6-4のゴウと同じように，見ら
れていることへの意識があったからこそでしょう。そして，はじめの「なに
みてるの」という問いかけは，観察者が見ているものへの関心があったからこ
そだと思いますが，それ以上に，ケンの方を見てもらいたいという思いもあっ
たのではないでしょうか。だからこそ，その後，確認するかのように観察者に

目を向けるケンがいたのだと思います。「なに　みてるの」は，他者の見ているものへの関心から生まれている問いかけですが，「自分の方もみて」という自分への承認や賞賛を込めた間接的な「みてて」発話になっている場合もあるのではないでしょうか。ケンが自分の背の高さを超えたところまでカプラが積みあがると，「できた！」と観察者に見せている姿は，まさに「みていてほしい」という「みてて」発話になっていたことの証しではないかと思います。その意味では，「なに　みてるの」は，自分への注目を誘導している場合もあるといえるかもしれません。直接的な「みてて」発話とは異なり，そこには，「ぼくのことは気にしなくていいよ」というタテマエを見せながらも，自分への注目に対する期待感が込められていることも考えられるのではないでしょうか。まさに２項対立的な思い（ホンネとタテマエ）が込められる場合もあるのではないかと思います。

エピソード6-7　こげちゃうよ

　5歳児クラスのショウとユウが，ホールでキャンプを想定したバーベキューごっこの最中に，ユウが手を止めて園庭の方をじっと見ていると，ショウが「なに　みてんの　こげちゃうよ」とユウに声をかけ，ユウと同じ方向を見ます。園庭では，数人の子どもたちの笑い声が聞こえており，ユウが園庭の方に行こうとすると，「こげちゃうって」とショウが繰り返します。「たべてよ」と言うショウにユウも応じて留まります。焼いていたお肉を口に頬張る真似をして食べ終わるユウを見届けると，ショウは「いこう」と立ち上がり，ユウを誘って園庭の方に向かいます。

　ショウとユウは，ふたりでバーベキューごっこをしていたのですが，園庭の方を見ているユウが気になったのでしょう。ユウが見ているものを確認するようにその方向にショウも目を向けていますので，園庭で何が行われているのかショウ自身も関心をよせていることが考えられます。「なに　みてんの」というショウの呼びかけは，ユウの見ているものへの関心があったればこそです

138

が，同時に，ユウをバーベキューごっこに引き戻す役割も担っていると考えられます。「なに　みてんの」という投げかけの後に発せられた「こげちゃうよ」は，まさにそんなショウの思いが反映しているのではないでしょうか。「なに　みてんの」は，遊びの続行への要求ともいえるでしょう。また，「こげちゃうよ」や「たべてよ」というショウの誘いかけに，ユウは応じてその場に留まり，ユウが食べ終わるのを見届けると，ショウが「いこう」と立ち上がっている様子から，ごっこ遊びの主導権が，ショウにあることが推測されます。その意味では，「なに　みてんの」には，今遊んでいる世界へ引き戻すと同時に，遊びの主導権の保持の思いも託されていたのかもしれません。ユウがショウを置いて園庭に行くことはせずその場に留まり，ショウの「いこう」という誘いに応じて，ふたりで園庭にかけていく姿を思い浮かべると，「なに　みてんの」に込められたショウの思いととともに，それぞれの子どもの思いや関係性が浮かびあがってくるように思います。

　このように，他者の見る行為に関心をよせて発せられる「なに　みているの」という発話にも，見ているものが何であるのかの確認だけではなく，遊びへの参加や自分への注目を意図した間接的な「みてて」発話の意味合い，遊びの続行への要求や主導権の保持の意味合いなど，そこには，さまざまな子どもの思いや願いが込められ，互いの関係のなかで微妙な心の動きが映し出されていることに気づかされます。

4.「みてて」発話が生まれるまでの子どもの心の動き

　これまで「みてて」発話の一環として，子どもの思いによせて，視線の動きや子どもの「みせてあげるね」「なに　みているの」に込められた思いなどをみつめてきましたが，そこには，ただ「見せたい」「見てもらいたい」というだけではないさまざまな子どもの繊細な思いや願いが込められていることが見えてきました。しかし，そのような発話や行為が生まれるまでには，どんな子どもの心の動きがあるのでしょうか。

　「みて」や「みてて」と言える子どももいれば，なかなか言えない子どもも
います。その思いが身体で表現され，心の対話としてつながれていく状況のあ
ることを第4章の3の身体が語る「みてて」発話において述べましたが，そこ
では，「みてて」発話に関連する身体的な表現について，観察されたそれぞれ
の子どものエピソードを取り上げて考えました。そこで，本節では，観察して
いる過程において，「みてて」発話がはじめて聞かれた（記録された）3歳児の
6月末（入園後約3ヶ月くらい）までの間に記録されていた同じ子どもの視線の動
きや身体的な表現に関するエピソードを整理し，「みてて」発話が聞かれるま
での過程をみつめてみようと思います。取り上げることのできたエピソード[4]
は，「みてて」発話に関連したエピソードのなかで，発話児としてではなく，
発話児のそばにいたり，近づいてきたりしていたことでエピソードのなかに記
録が残されていたり，「みてて」発話とは別に記録されていたりしていた子ど
もです。そして，観察者がはじめてその子どもの「みてて」発話を耳にするま
での3ヶ月間のなかで，視線の動きや身体的な表現が記録として残されていた
ミサとコウタのふたりのエピソードを取り上げます。

＜ミサの場合＞

> ### エピソード6-8a　　じっとみている（4月中旬）
>
> 　ミサは，登園後カバンをロッカーに置き，コップとタオルを指定の場所
> に置いてから，ロッカーのそばに立ったまま，近くでウレタン積木を並べ
> て遊んでいるサヤの方を見ています。サヤが保育者に「みて」と呼びか
> け，並べた積木の上を歩いて見せています。そのときもミサの視線はサヤ
> の方に向けられており，しばらくじっとサヤの方を見ていました。

　登園後まもない状況のなかで，ミサはまだ仲間と一緒に遊ぶのではなく，そ
の様子を見ています。「みてて」発話を保育者に発しながら遊び続ける仲間を，
じっと見ているミサ。物理的には仲間と離れていますが，心理的にはその遊び
を共有しているのかもしれません。

エピソード6-8b　　そばに来て，肩をよせる（5月初旬）───

　保育室の真ん中で，数人の子どもたちが跳び箱の上から交替に跳び降り
て遊んでいます。その様子を見ている観察者のそばにミサがやってきま
す。そばに来たミサに観察者が笑いかけると，ミサも笑顔で応えます。跳
び箱遊びをしている数人の子どもたちから，跳び降りるときに「みて」と
いう呼びかけが観察者に向けて発せられます。観察者は「みてるよ」「す
ごいね」などとことばをかけます。そのそばで，ミサの身体が観察者の方
に寄せられ，その状態で，他の子どもたちの跳び箱遊びをしばらく一緒に
見続けます。

　クラスの仲間が一緒に遊んでいる様子を見ているミサ。数人の子どもたちか
ら「みてて」発話が観察者に向けられ，それに応える観察者のそばで，観察者
に身体を寄せて来たミサ。観察者への誘いかけもあったかもしれませんが，跳
び箱遊びへの参加は望んでいない様子でした。しかし，友だちの遊びへの関心
は高まっており，自分なりの立ち位置を模索しているのかもしれません。心理
的にともに遊ぶという世界がミサにはあるのではないかと思います。この時
期，そんなミサをそっと見守る保育者の姿もありました。

エピソード6-8c　　黙って差し出す（5月末）───

　ミサが，レイとルイと一緒に並んで粘土遊びをしています。レイが近く
にいた観察者に「みて」と呼びかけ，粘土を丸めて作ったお団子を見せま
す。ルイもお皿に盛った粘土を差し出して，「ほら　みて」と元気よく観
察者に呼びかけて見せます。少し経ってから，ミサが観察者の前に来て，
細長く丸めた粘土の盛られた器を観察者に黙って差し出します。「わぁ
できたね　食べたいな」と観察者が言うと，ミサはこくんとうなずいて笑
顔を見せます。

　仲間の遊びをじっと見ていることの多かったミサですが，ルイと一緒に遊ぶ

ミサの姿があります。気の合う仲間ができたのでしょう。ルイが積極的に「みてて」発話を向けてくるのに対し，ミサは，黙ってそっと差し出して見せています。しかし，それは，ミサの能動的な見せることへの無言の要請でもあるのかもしれません。

エピソード6-8d　肩を叩いて　ほら（6月初旬）

　保育室の窓際で座って他の子どもたちと話をしている観察者の肩をミサが叩いて，描いた絵を「ほら」と言って観察者に差し出して見せます。「かわいいね」と観察者が言うと，手を後ろに組み肩を揺らしながら，「あげる」と小さな声で言います。「いいの　どうもありがとう」と観察者が言うと，ミサはうなずきながら笑顔で応えます。

　あまり声に出すことのなかったミサが，「ほら」「あげる」と言っています。自分の思いを少しずつことばに発して表現するミサ。園生活のなかで，自分なりの立ち位置を少しずつつかんでいっているのではないでしょうか。

　そして，この後すぐに，観察者に「ほら　みて」と言って，自分で書いた絵を見せに来たミサの姿がありました。

　このミサの「みてて」発話が聞かれる過程で観察されたエピソードをふり返ってみると，そこには，他の子どもの「みてて」発話の様子をじっと見ている姿（エピソード6-8a）からはじまり，観察者の肩に身体を寄せるという身体的な接触（エピソード6-8b），黙ってですが，他の子どもの「みてて」発話に触発されるように差し出して見せる姿（エピソード6-8c），肩を叩いて「ほら」と言って見せる姿（エピソード6-8d）という流れがあります。そこには，入園後，少しずつ他者とのかかわりを能動的に求めようしているミサの姿が映し出されているように思います。

142

＜コウタの場合＞

┌─ **エピソード6-9a**　　ブロックを投げる（4月中旬）─────
│
│　コウタは，ブロック箱を前に置いて座り，ブロックをガチャガチャと両
│手でかき回したり，投げたりしています。「コウちゃん」と保育者が呼び
│かけても，コウタは目を合わせることはなく，ブロックをポンと投げてい
│ます。
└────────────────────────────────

　入園後，なかなか目を合わせることのないコウタ。ブロックをかき回した
り，投げたりしています。園生活のなかで，自分の立ち位置を模索しているの
かもしれません。ですから，仲間と一緒に遊ぶことはもちろんですが，仲間の
遊ぶ様子を見る姿もコウタには見られません。

┌─ **エピソード6-9b**　　目が合う（5月中旬）─────
│
│　登園後，コウタは，カバンをロッカーに置くと，さっとブロックの箱を
│引っ張り出し，ブロックの組み合わせ遊びをはじめます。観察者がコウタ
│のそばに近づき，「コウちゃん　何ができるのかな」と聞くと，コウタは
│左右の手にブロックを持ったまま観察者の方を見て，少しブロックを持ち
│上げて見せてくれます。
└────────────────────────────────

　入園間もないころには，ブロックをかき回したり，投げたりしていたコウタですが，今では登園後，真っ先にブロックの組み立て遊びに夢中になっています。自分なりの遊びを見つけたのでしょう。観察者の声かけにも，視線を向けて組み立てているブロックを見せてくれています。少しずつ関係をつないでいく姿のあることを感じます。

エピソード6-9c　Ｔシャツの裾を引っ張る（6月初旬）

　観察者がロッカーの上に置いてあるビデオを操作していると，コウタが観察者の着ているＴシャツの裾を引っ張ります。観察者が「コウちゃんおはよう」と言うと，コウタは手に握っていた小さなバッジを観察者に見せます。「かわいいバッジね」と言うと，「だめ」と笑いながらさっと引っ込め，ホールの方に走っていきます。

　観察者のＴシャツの裾を引っ張るコウタ。能動的に観察者とかかわろうとする姿が見られます。黙ってバッジを差し出して見せながらも，「だめ」と笑いながら引っ込めるコウタ。コウタなりの観察者へのあいさつのようにも感じられます。また「だめ」という否定も，第4章の否定形に見るように，完全な拒否ではなく，2項対立的な感情をはらみながら，むしろ観察者と関係をつなげようとしているコウタの姿なのではないでしょうか。

　そして，この数日後に，コウタが他の子どもと一緒にブロック遊びをしているときに，「みて」とブロックで作った車をかかえて観察者に見せに来る姿がありました。このコウタの「みてて」発話が聞かれる過程で観察されたエピソードをみると，目を合わせることのできなかった入園当初の状況（エピソード6-9a）にはじまり，目を合わせて見せる姿（エピソード6-9b），観察者のＴシャツの裾を引っ張る姿（エピソード6-9c）という流れが見られます。そこには，ミサと同じように，入園後，少しずつ他者とのかかわりを能動的に求めようとしている姿が映し出されているように思います。直接的なことばによる「みてて」発話ではなくとも，見せたいという思いを重ねながら，そこには，

他者と気持ちをつなげていこうとしているふたりの心の動きがあるように感じられます。このような身体的な表現は，身体が語る「みてて」発話にも重なる表現であり，「みてて」発話を生み出す土台にもなっている場合があるのかもしれません。ミサのじっと見るという行為も，何もしていないのではなく，見ることによって心のなかでその場を共有しているのではないでしょうか。このような積み重ねのなかで，そのときどきの子どもの思いがため込まれながら，徐々に能動的なかかわりを引き出していくもとになっている場合もあるのではないかと思います。

　入園してすぐに「みてて」発話が聞かれる子どももいれば，そうでない子どももいます。けっしてことばとして発することがよいと言っているのではありません。大切なことは，子どもの思いや願いがさまざまな形で発せられながら，はじめは積極的にことばとして発していなかった子どもも，少しずつ他者との関係をつないでいく過程のなかで，「みてて」発話が能動的に発せられるようになる場合もあるのではないかと思うのです。「見る」「見せたい」「見てもらいたい」という子どもの思いや願いを重ねながら，心と心がつながれていく過程が，そこにあるといえるのではないでしょうか。

　入園後の園生活において，「みてて」発話が生まれるまでの過程について，ふたりの子どものエピソードを辿りながら見てきましたが，いつもこのような過程を通って「みてて」発話が生まれているというわけではけっしてありません。先ほども申しましたが，入園直後から積極的に呼びかけてくる子どももいますし，身体的な表現の多い子どももいます。それぞれの子どもがもつ個性のなかで，徐々に関係を深めながらことばがけが生まれてくる場合もあるのだと思いますので，あくまでもひとつの例としてみつめてもらえたらと思っています。

　また，「みてて」発話は，身体的な「みてて」発話以上に，ある程度の関係をもっている相手との間で生まれるやりとりなのかもしれません。たとえば，電車のなかで，面識のない幼い子どもと私の目が合うと，その子どもが私をじっと見たり，視線をたびたび向けたりと，私に「見られている」ことを意識

しているかのような子どもの姿に出会うことがあります。この子どもの姿は，身体的な「みてて」発話につながっている場合もあると思うのですが，その子どもから，けっして音声的に「みてて」発話が向けられることは，私の経験ではありません。しかし，私と目が合った後に，母親など一緒に同乗している親しい人に何かを見せてから，また私の方に目を向けてくるという体験をしたことがあります。もしかしたら，親しい人に「みてて」発話を向けながらも，私が見ていることを意識しており，本当は私に見せようとしていたのかもしれません。そのように考えると，第3章で述べた媒介的機能の「みてて」発話が生まれている場合もありうるでしょう。もちろん，同乗者である親しい人に本当に見てほしくて「みてて」発話が向けられるときもありますし，知らない関係であっても，ちょっとした会話をその親しい人と私が交わしたときには，「みてて」発話が私に向けられたという経験もあります。園の場合も，観察者として子どもたちのなかにいるときには，子どもにとって，まったくのよそ者ではなく，園の先生方と親しくやりとりを交わしている存在であるということから，ある程度安心して接することのできる相手として，子どもも観察者を受け入れてくれているのではないでしょうか。そうした関係のなかで，相手との関係をつかむきっかけとして，積極的にことばを発する子どもの場合には，すぐに「みてて」発話が観察者に向けられている場合もあるのかもしれません。

エピソード6-8a～dのミサやエピソード6-9a～cのコウタの「みてて」発話は，すぐには聞かれませんでしたが，肩を叩いたり，目を合わせたり，裾を引っ張ったり，そっと何かを差し出したりしながら，観察者との関係を少しずつ深めていく過程が見られました。そうした身体的な表現のあとに，声に発する「みてて」発話が生まれていました。観察者との関係を少しずつ深めていったのかもしれません。基礎的研究においても，「みてて」発話が，入園後対象になる相手は，まず保育者であり，その後次第に友だちへと広がっていくという現象のあることが示されていました。また，その友だちも顔みしりの関係（入園前から知り合いであった友だち）から，徐々に新しい関係（入園後クラスが同じになった友だち）へと進んでいく過程[5]が見られていました。観察者と

の関係も，同じように少しずつ深められていくことで，能動的な「みてて」発話が観察者に向けられたのかもしれません。ただし，観察者のいないところで保育者や友だちに「みてて」発話が向けられていた場合も考えられますので，確証はできませんが，少なくとも，ある程度の関係が土台にあり，さらにその関係を深めながら，心と心をつなげていく関係が「みてて」発話のなかにあるのではないかと思います。

【注】

1）福﨑淳子「幼児の見せる行為と発話 ―「みせてあげるね」から―」日本保育学会第64回大会，2011年。
2）福﨑淳子「幼児の見せる行為と発話（2）―『みられる』という意識からの再考―」日本保育学会第65回大会，2012年。
3）福﨑淳子「他者の『見る』行為への関心 ―「何　見ているの」の視点から―」日本保育学会第72回大会，2019年。
4）福﨑淳子「『みてて』発話が生まれるまでの幼児の心の動き」日本保育学会第60回大会，2007年。
5）福﨑淳子「園生活における幼児の『みてて』発話」p.89，相川書房，2006年。

終　章
「みてて」発話が紡ぐ心の交流

　第Ⅰ部における「みてて」発話の基礎的研究によって導き出された自他間の気持ちをつなぐ機能を土台に，第Ⅱ部では，「みてて」発話の一環研究として，新たな視点から「みてて」発話に関連するエピソードをみつめ，子どもの心の動きにふれながらその心の世界をみつめてきました。

　新たな視点として，「みてて」発話の否定形や身体が語る「みてて」発話，保育者の「みてて発話」，子どもの「見せたい」思いなどを取り上げてそれに関連するエピソードをひもといていくと，そこには，2項対立的な思い（ホンネとタテマエ）や身体的な表現，視線への意識など，ことばを超えて託された子どもの思いや願いがあり，より深く繊細な子どもの心の動きが秘められていることがみえてきました。そして，保育者の「みてて」発話には，その子どもの心の動きに沿いながら子どもの思いや願いを支えている保育者としての専門性が紡がれていました。

　「みてて」発話における気持ちをつなぐ機能は，見せるだけではないさまざまな思いや願いをそこに託しながら，互いの心の声のやりとりを通して機能し合い，互いの心と心をつなげていくという＜心の対話の営み＞として展開しているのではないか，と私は考えてみたいと思っています。そして，第4章で述べた鯨岡の示唆する「心の接面」につながっていることを改めて感じています。それは，「みてて」発話を通して，互いに気持ちを向け合う子どもと保育者や子ども同士の間に生まれる心の交流の世界といえるのではないでしょうか。

　日本の幼児教育の父と呼ばれている倉橋惣三の「育ての心」の序に，それ（育ての心）は「温かい世界である。育つものと育てるものとが，互いの結びつ

148

きに於いて相楽しんでいる心である」[1] と記されています。私が「みてて」発話研究を通して感じとった世界も，まさに子どもと保育者のほのぼのとした温かな世界がそこに漂い，互いの心と心がつなぎ合うという心の世界が存在していたように思います。森上[2] は「いかに多くの理論を頭の中に詰め込んでいようと，この一瞬をとらえる保育に答えを与えることはできないことを彼（倉橋惣三）は知っていた」と『子どもに生きた人・倉橋惣三』のなかで語っています。この一瞬こそ，心と心がつながれていく温かな世界であり，それは理論を超えた人と人との心の交流の世界を意味しているのかもしれません。

　第4章で紹介したエピソード4-8（やった！）では，積木を積み重ねている3歳児の世界を静かに見守りながら共有し，積木が崩れたときには思わず「あっ」と小さな声を発した保育者。無言で示したその保育者の人差し指の「1」に押されるように再挑戦する3歳児。積みあがったときに保育者に見せた両手の親指を立てるこの3歳児のしぐさと笑顔。この一連のやりとりは，日常的に保育の生活文脈において生まれている何気ないやりとりなのだと思います。でも，そのなにげないやりとりのなかに，子どもと保育者のほのぼのとした温かな心の交流の世界が紡がれていることを感じませんか。

　エピソード4-9（みててくれたね）では，塔を作ろうとカプラを一緒に積み上げていたふたりの4歳児ですが，崩れてしまうことで，ひとりが一緒に積むことを拒んでしまいます。でも互いに相手を気にしている視線がありました。相手へのちょっとした怒りと同時に存在する謝罪や慰めという繊細で複雑な子どもの思いが，そこに絡み合っています。しかし，無事にカプラが積み終わったときに保育者が投げかけた「アリサちゃんが見ててくれたね」という一言で，拒んだ子どもが見せた相手への「やったね」と言わんばかりのポーズ。視線で見合うことで互いを意識しながらも，素直に表現できない複雑な思いが潜んでいたのだと思います。その思いをそっと推し量る保育者の一言。ふたりの子どもの心がつながれていく瞬間がそこに生まれていました。

　5章で紹介したエピソード5-5（お顔が見える）では，険悪ムードの漂うふたりの間を，「みて　ルイちゃんとケンちゃんのお顔が見える」と落ち葉に開

いた穴を使って投げかけた保育者。その一言から，2歳児の子どもたちのなかで生まれた落ち葉の覗き見遊び。子どもたちの心と心がつながれていく様子が目に浮かんできます。

　これまで紹介してきたエピソードのなかには，このような心の交流が紡がれていく心の世界が存在しています。何気ない保育の日常のなかで「みてて」発話から生み出されるこの心の交流の世界は，立ち止まってみつめ，それぞれの思いをひもとくことで少しずつ見えてきた世界です。その目に見えない心の交流の世界が，何気なく展開しているのが日々の保育です。そこに，保育の営みの深さ，尊さもあるのではないかと私は思っています。

　さて，みなさんの心に残るエピソードは，どんなエピソードでしょうか。

　「みてて」発話は，他者に何かを見せようとして発せられますが，ただ見せるだけではない心と心をつなげていく心の交流の世界が生まれている場合のあることを改めて噛みしめています。

　どうして「みてて」発話は生まれるのだろうか。園生活でよく聞かれるのはなぜなのだろうか。そんな素朴な思いから取り組んだ研究ですが，改めて子どもの繊細な心の動きにふれながら，紡ぎ出される心の声の重さを感じています。

　保育学会での発表を重ねながら，「みてて」発話は，ちゃんと子どもを見ていないから子どもが言うのではないか，という問いかけを受けたこともありました。確かに見てほしくて呼びかけるのですから，なかなか見てもらえなければ何度も呼びかける子どももいるでしょう。ですから，その問いかけを否定することはできませんが，それだけではないことだけは確かだと思うのです。なぜならば，これまで述べてきたように，「みてて」発話には，ただ見せるだけではないさまざまな思いや願いが込められている場合もあり，そこには，深く繊細な子どもの心の動きが秘められているのですから。大切なことは，どんな思いで呼びかけているのだろうか，と発する子どもの心の動きをみつめていくことなのではないかと思っています。

　また，本書では取り上げなかったのですが，登園後の一日のなかで頻繁に

「みてて」発話を発するひとりの子どもに視点をあて，その意味や背景について みつめた[3]ときに，登園前後のちょっとしたできごと（母親に注意を受けたり，持って来たはずのものが見つからなかったりなど）を引きずっているためではないかと考えられる場合もありました。「みてて」発話のなかに，謝罪の思いや不安な気持ちなどを託して，何度も「みてて」発話を繰り返し，子ども自身が自分の気持ちを一生懸命に調整しているように思われました。

　そして，この頻繁に聞こえてくる「みてて」発話を考えたとき，「みてて」発話における三項関係の基本形（第1章　図1）を超えて，謝罪や不安な気持ちを繰り返すことで調整しているのではないかと思われ，その姿に，「みてて」発話における三項関係の二重性（第3章　図5）では収まらない三項関係の重層的な構造が考えられました。本書で示した第3章における「みてて」発話の構造と図式化，第4章における三項関係の再考は，もっと複雑化している場合があるのではないかと思っています。ですから，本書で示した図式は，こんなふうに描くこともできるのではないかというひとつの提案として受け止めていただけたらと思っています。

　「みてて」発話を軸に，園生活で生まれるエピソードをみつめてみると，そこには深い子どもの思いや保育者の専門性が潜んでいることが見えてきました。

　たったひとつの発話行為を追い続けることで見えてくる子どもの心の世界，その深さに改めて日常的な保育の営みの重さを感じます。そして，「3歳児の幼児が『見て　見て』と言って私の手を引く。その優しい手のぬくもりから思いがけない創造的な活動が生まれる。保育研究者は生活のどこかでこのような体験を持っているのだろう」という津守[4]のこのことばを再び噛みしめています。

　保育は，何気ない日々の営みが積み重ねられています。何気ないからこそ，一般的に見過ごされてしまう日々の営みかもしれません。しかし，子どもの「みてて」発話をきっかけに生まれる心の対話を通して，そこに紡がれる心の交流の世界が確かに生まれているのです。「みてて」発話によって保育者から投げかけられた一言で，その日一日をしあわせな気持ちで過ごすことができる子どもがいるのです。それは，とても尊いことだと思いませんか。何気ない保育の日々の積み重ねのなかで，「みてて」発話というたったひとつの発話行為とそれに関連する「見せたい」「見たい」思いをみつめ続けてみると，そこには，「みてて」発話のもつ機能的な役割の解明だけでなく，育ちゆく子どもの繊細な心の世界にふれていたことに気づきます。

　さて，きょうは，子どもたちのなかで，どんな「みてて」発話が生まれているでしょうか。みなさんも，そっと耳を傾けてみてください。聞こえてきませんか。「ねえ　みて！」「ねえ　みてて！」と響く子どもの声が。

【注】

1）津守　真・森上史朗編「倉橋惣三　育ての心（上）」p.3, フレーベル館，2008 年。
2）森上史朗「子どもに生きた人・倉橋惣三」p.114 フレーベル館　1993 年
3）福﨑淳子「『みてて』発話における三項関係の二重性の再考」日本保育学会第 61 回大会，2008 年。
4）津守　真「保育学会一年の歩みに思う」日本保育学会会報，第 121 号，p.1, 2000 年。

あとがき

　20年余りにわたり，「みてて」発話というたったひとつの発話行為に注目し，そのエピソードをひもとき，子どもや保育者の心の動きにふれながら，子どもの心の世界をみつめ続けてきました。そこには，私の想像をはるかに超えた繊細な子どもの心の動きが秘められており，心と心をつなぐ心の交流の世界が紡がれていました。それは，目には見えない世界ですが，そこに保育の本質につながる大切な営みが存在しているのではないかと私は感じています。

　子どもの「みてて」発話には，見せるだけではない見せることを超えて託された思いや願いが込められていました。保育者の「みてて」発話には，子どもの思いや願いに寄り添いながら，その思いを受け止めようとする姿があり，保育者としての専門性がそこに小さな輝きを放っていました。「みてて」発話を追い続けることで，私は，結果的に，なにげない日常的な保育の営みをみつめ，人と人とがかかわる保育というその営みの深さ，尊さを改めて実感することになったのです。

　「みてて」発話研究を，一般的にも読みやすい保育書として博論以後の研究を含めもう1冊出版するという故大場幸夫先生と交わした約束から，なんと15年の歳月が流れてしまいました。そんな約束あったかな，という声が天から聞こえてきそうなくらいの歳月を重ねてしまいました。しかし，もう1冊という思いは，「はじめに」に記した「1％の思い」に支えられ，なんとかまとめるところまで辿り着きました。天に召された大場先生にやっとご報告できることに安堵しつつ，改めてお礼を申し上げたいと思います。苦笑いされている先生のお顔が浮かんできそうですが。そして，「みてて」発話研究を積み重ねながら，大場先生が大切にされていた保育への思いや現場特有に存在する臨床的な視点ということについて，やっと少しだけわかるような，その視点に少しだけふれることができたような，そんな思いが私のなかに生まれていることに

も気づきました。まだまだですが。

　さて，こんなにも歳月をかけてまとめたものなのですが，果たして読みやすい本になっているだろうかという問いかけとともに，まだ残されていることが浮かび上がってきました。そうなのです。「みてて」発話研究には，まだ課題がありそうです。

　そのひとつとして，まとめにとりかかっていたときに，発達心理学者である川上清文先生からいただいたあるご示唆があります。それは，０歳から２歳を中心に観察をされた先生のご経験では，ほとんど「みて」しかなかったことから，「みてて」発話の発達の道筋として，「みて」が先行し，それに「みてて」が加わるのではないかというご示唆でした。そこで，基礎的研究以後に行った私の２歳児の観察記録を見直してみると，なんとすべて「みて」であることに気づいたのです。まず，『「みて」が先行し』という川上先生のご示唆は，「みてて」発話における発達の道筋を示す貴重なご示唆だったのです。

　「みて」は，第１章で述べましたように，「２歳に入ってから発現する言語現象である」（第１章注３））ことが報告されています。また，終助詞（の，よ，ね，てなど）の発現をはじめとする助詞，助動詞，文構造などの発達過程に関する報告はあるのですが，共同注意請求発話としての「みてて」に関する正確な発現時期については，私が知る範囲での確認は叶いませんでした。しかし，私の基礎的研究では３歳児から５歳児を対象としていましたので，３歳児の記録においては，入園後の４月にすでに「みてて」が聞かれていました。ですから，その視点からの観察や分析をしていませんので，明言は避けなければなりませんが，おおむね３歳から４歳にかけて「みてて」が生まれている可能性が考えられます。そして，「みてて」発話は，文法的な語形変化を伴いながら，本書でも取り上げた「みせてあげるね」や「なに　みているの」という表現へとつながっていくのかもしれません。折しも私が本書を書き進めていたそのときに，貴重なご示唆をくださったことに不思議なタイミングを感じるとともに，心よりの感謝を申し上げたく，ここに記させていただきました。

　本書において「みてて」発話と呼ぶことの定義については，第１章注１）に記しているように，「みて」と「みてて」は文法上異なる意味合いが含まれま

すが，私が観察した子どもたちのなかでは，厳密な使いわけがなされているとはいえず，混同されている場合も考えられますので，「みて」と「みてて」の両方を含めて，音的に落ち着きよく感じられる「みてて」発話と呼ぶことにしました。基礎的研究以後の観察においても，やはり区別されているといえるまでには至りませんでしたので，「みてて」発話としてまとめました。しかし，使い分けに視点をあてて観察を重ねながらその背景や状況をみつめると，指示，提示の「みて」と見ている状態にある（見る動作が一定間以上続く）ことを要請する「みてて」において，子どもの心の動きに微妙な違いがあることが見えてくるかもしれません。これからも「みてて」発話のひもときが続きそうですし，さまざまな視点から異なる研究者によって，さらにひもとかれていくことも願っています。

　本書の第Ⅱ部でまとめた視点は，2006年から2019年までに日本保育学会で発表してきた内容がもとになっています（一部は幼児教育学研究（日本幼児教育学会誌）に掲載　第4章注6））。その発表を通し，研究者をはじめ保育の現場の先生方，院生の方々などと意見交換しながら新たな視点が生み出されたことも確かです。同じようなエピソードを体験され大きくうなずいてくださった先生，年齢の違いとの関係をご示唆くださった先生，毎年のように足を運んでくださり1冊にまとめたいという私の思いに期待をかけてくださった先生など，学会での出会いが大きな励みにもなりました。固有名詞でお礼を申し上げることは叶いませんが，私の研究を支えてくださったことに感謝申し上げたいと思います。また，貴重な観察の場をお与えくださった園の先生方はじめ，たくさんのエピソードとの出会いを授けてくれた多くの園児のみなさんに深く感謝申し上げます。最初に参加観察の場をお与えくださった園長先生は，すでに天に召されてしまったのですが，生前，私のもう1冊の出版に期待をかけてくださっていました。その先生にも本書のご報告が届きますようにと願っています。

　そして，出版にあたって，1冊にまとめたいという私の思いを長きにわたり支え，待ち続けてくださった創成社社長の塚田尚寛氏，編集の労を担ってくださった西田徹氏に心よりお礼申し上げます。創成社との出会いは，大場先生が授けてくださったと私は思っています。生前，保育大学新書シリーズの構想に

向けて「保育の原点」の草稿を進めてらしたということなのですが，その完成書が世に出されることなく逝かれてしまった大場先生。その後，奥さまの大場富子先生監修のもとに「大場幸夫が考えていた保育の原点」という書の出版にあたり私の拙稿も収めさせていただいたのをきっかけに，私の保育関係の書の出版にも快く労を担ってくださいました。そして，その合間に，私のもう1冊の単著出版の思いについて何度となく耳を傾けてくださいました。とはいえ，今年こそはと思いながらなかなかとりかかれず，長い歳月を重ねてしまいました。それにもかかわらず，今回の出版をご快諾くださいましたことに心より感謝申し上げます。

　最後に，私事ですが，書斎にこもる私を静かに支え続け，前書（園生活における幼児の「みてて」発話）の装丁に続き，本書では裏表紙の原画を提供してくれた私の夫である洋一に，改めて感謝の気持ちを捧げ，これを結びにしたいと思います。

　2021 年 1 月

福﨑淳子

索　引

ア

アピール……………………………… 12，54
新たな関係…………………………… 15，51
新たな機能………………………………… 51
安心感……………………………… 62，118
意外性…………………………… 21，23，64
一次的「みてて」発話…… 67，119，120
一対一……………………………… 42，43，96
意図性………………………………… 63，64
イメージ……………… 6，7，15，19，20，
107，116，119
エピソード………… 5，10，13，25，35，
63 ～ 65，67，75，77，
78，123，139，147，149
―――を描く…………………………… 79

カ

解釈…………………………………… 77 ～ 79
かかわり………… 8，10，14 ～ 16，19，
27，42，45，75，91
身体が語る………… 93，99，100，128，
139，144，147
関係の流れ……………………………… 47
関係をかためる…………………… 47，75
関係をきわめる…………………… 47，75
関係をつくる……………………… 47，75
間主観性…………………… 78，79，100

基礎的研究…………… 2，70，74 ～ 76，
101，154
期待感…………………………………… 27
基本的な構造……………………… 8，43
気持ちをつなぐ機能……… 70，74，147
客観性…………………………………… 78
共感… 13，15，26，34，41，43，50，82
共感的…………………………………… 78
―――機能………… 62 ～ 65，67，69，
74，118 ～ 120
共振…………………………………… 97
共同注意………………… 9，51，69，107
―――請求発話…… 3，4，9，62，68，
75，93，120，154
共有……… 6 ～ 8，10，14，15，26，
34，51，55，78，82，93，
96，97，107，108，144
拒否感…………………………………… 31
後悔…………………………………… 30
好奇心……………………………… 109，119
心の動き……… 5，20，25，29 ～ 31，
38，41，45，54，57，58，64，
66，69，75，80，81，83，89，91，
95，98，99，103，109，113，114，
118 ～ 120，123 ～ 125，128，129，
138，144，147，149，153
心の交流………… 147 ～ 149，151，153
心の声……… 92，95，99，100，127，
130，135，147，149

158

心の世界……… 2, 3, 23, 25, 44, 76,
　　　　　　　77, 79, 99, 105, 116,
　　　　　　　123, 147, 151, 153
心の育ち………………………… 47, 50
心の対話……… 95, 97, 99, 100, 114,
　　　　　　　116, 139, 147, 151
心の深さ………………… 46, 47, 91

サ

策略的……… 21 ～ 23, 33, 34, 37, 63
参加観察………………………… 2, 132
三項関係…… 4, 9, 10, 43, 44, 51, 52
　　――の基本形…… 9, 52, 53, 55,
　　　　　　　　　57 ～ 59, 61, 150
　　――の構造………………………… 9
　　――の対称性…… 52 ～ 55, 58,
　　　　　　　　　　　　　　59, 61
　　――の二重性………… 56, 58, 59,
　　　　　　　　　　　　　61, 150
三次的「みてて」発話……………… 120
思考のなかの三項関係…… 59, 61, 63,
　　　　　　　　　　　　101, 103
思考力………………………………… 64
自信………… 4, 5, 8, 15, 26, 47
視線……… 32, 33, 43, 54, 55, 60,
　　　　　92, 93, 125, 128, 129,
　　　　　132, 133, 144, 147, 148
　　――の動き… 75, 77, 91, 93, 98,
　　　　　100, 102, 123, 128, 129, 133
質的………………………………… 2, 77
自分だけの世界…………… 14, 17, 111
自分たちの世界…………… 14, 17, 111
謝罪………………… 30, 31, 38, 56
重層的………………………………… 119
　　――な構造………… 42, 68, 150

集団意識………………………………… 27
縦断的……………………………… 25, 41
　　――研究…………………………… 2
主観性……………………………… 78, 100
主観的………………………………… 77, 79
主体性………………………………… 111
主導性………………………………… 127
賞賛……… 4, 5, 8, 11, 15, 23, 25,
　　　　　34, 38, 43, 47, 65, 133
情緒性……………………… 64, 118, 120
承認……………… 4, 5, 8, 11, 15, 23,
　　　　　25, 34, 43, 47, 65, 133
触発……… 12, 52, 54, 62, 118, 141
　　――的…………… 13, 15, 26, 44
神経認知システム……………………… 69
信頼…………………………………… 34
接面………………… 117, 118, 147
専門性……………… 120, 147, 150, 153
相互交渉…………………………… 4, 45
相互理解……………………………… 117

タ

第 1 段階の研究……………………… 2
対抗意識…………… 13, 86, 87, 90
対象……………… 9, 10, 51, 55, 103
第 2 段階……………………………… 2
対比的…………………… 88, 90, 91
他者関係……………………… 46, 47
他者の視点…… 21, 23, 33, 46, 47, 75
多様化……… 8, 23, 25, 41, 46,
　　　　　　51, 52, 61, 69
注意共有メカニズム…………………… 69
つながれた状態……… 78, 93, 99, 100
つぶやき……… 31, 101 ～ 103, 113
同意語的……………………………… 83

ナ

内言……………………………… 103
　———化…………… 33，61，101
内緒………………………… 89，90
内的特性……………………… 45
仲間意識………… 13，17，19，62，118
仲間入り………… 6，8，15，19，27
2項対立的……… 88，91，113，119，
　　　　　　　125，137，143，147
二次的「みてて」発話…… 67，119，120
2者間………………………… 4，9
ノンバーバルコミュニケーション行動
　……………………………… 4

ハ

媒介的………………………… 46
　———機能………… 64 〜 67，69，70，
　　　　　　　74，118 〜 120
媒介役…………… 44，55，56，84
励まし………… 40，41，45，47，56
発話相手……… 9，10，15，32，43，44，
　　　　　　48，51，55，80，101，103
発話児………… 9，10，15，32，43，
　　　　　　　44，51，55，103
否定形……… 79，80，87，88，91，113
ひとり遊び… 30，32，59，91，92，101
秘密の世界……… 83 〜 85，89，90，113
フィールド心理学………………… 78
複雑化…… 8，23，34，41，44，46，47，
　　　　52，61，62，67，118，150
不特定多数………………………… 17

普遍性……………………………… 78
平行遊び…………………………… 7
保育の生活文脈………………… 2，100
方略性……………………………… 74
方略的………………………… 63，64
　———機能………… 63 〜 67，69，70，
　　　　　　　74，118，119

マ

まなざし………… 4，10 〜 12，14，15，
　　　　　26，34，43，44，52，
　　　　　62，67，92，93，116
満足感………………… 4，5，8，11，12，
　　　　　　26，62，118
みせて………………… 110 〜 113，119
みせてあげる……………… 123 〜 127
みたい……………………… 110 〜 112
みちゃだめ……………… 79 〜 82，84，
　　　　　　　85，87，90
みてごらん……………………… 105，107
「みてて」発話 ………… 3 〜 6，8，15，
　　　　　　18，22，23，154
みないで……………… 79，80，82 〜 84，
　　　　　　86，87，90，124

ヤ

優越感…………… 33，34，44，54，92，
　　　　　　95，127，128，133
優先権………………………… 30
指さし行動………………………… 4，9
四項関係………… 54 〜 56，58，59，61

《著者紹介》

福﨑淳子（ふくざき・じゅんこ）

　1981 年　日本女子大学大学院家政学研究科児童学専攻修了

　2001 年　大妻女子大学大学院家政学研究科人間生活学専攻単位取得満期退学

　2005 年　博士（学術）

　日本女子大学助手，東京未来大学教授，白鷗大学教授を経て，現在，東京未来大学名誉
教授

［主要著書］

　『園生活における幼児の「みてて」発話』（単著）相川書房，2006 年。

　『大場幸夫が考えていた保育の原点』（共著）創成社，2012 年。

　『エピソードから楽しく学ぼう　子ども理解と支援』（編著）創成社，2015 年。

　『コンパス　保育内容　言葉』（共著）建帛社，2017 年。

　『新版　エピソードから楽しく学ぼう　保育内容総論』（共編著）創成社，2019 年　ほか。

《裏表紙画》福﨑洋一

（検印省略）

2021 年 5 月 13 日　初版発行　　　　　　　　　　略称 ―「みてて」発話

「みてて」発話からとらえる
子どもの心の世界
―エピソードが紡ぐ心の交流をみつめて―

著　者　福﨑淳子
発行者　塚田尚寛

発行所　東京都文京区
　　　　春日 2 - 13 - 1　**株式会社　創成社**

電　話　03（3868）3867　　ＦＡＸ　03（5802）6802
出版部　03（3868）3857　　ＦＡＸ　03（5802）6801
http://www.books-sosei.com　振　替　00150-9-191261

定価はカバーに表示してあります。

組版：スリーエス　印刷・製本：鴻

落丁・乱丁本はお取り替えいたします。

―――――――――――――――― 保 育 選 書 ――――――――――――――――

福﨑淳子 著
「みてて」発話からとらえる
子どもの心の世界 ―エピソードが紡ぐ心の交流をみつめて―
定価（本体 2,500 円＋税）

及川留美 編著
エピソードから楽しく学ぼう
人間関係
定価（本体 2,100 円＋税）

佐々木由美子 編著
エピソードから楽しく学ぼう
環境指導法
定価（本体 2,000 円＋税）

福﨑淳子 編著
エピソードから楽しく学ぼう
子ども理解と支援
定価（本体 2,000 円＋税）

福﨑淳子・及川留美 編著
［新版］エピソードから楽しく学ぼう
保育内容総論
定価（本体 2,400 円＋税）

百瀬ユカリ 著
よくわかる幼稚園実習
定価（本体 1,800 円＋税）

百瀬ユカリ 著
よくわかる保育所実習
定価（本体 1,700 円＋税）

百瀬ユカリ 著
実習に役立つ保育技術
定価（本体 1,600 円＋税）

鈴木美枝子 編著
これだけはおさえたい！
保育者のための「子どもの保健」
定価（本体 2,200 円＋税）

鈴木美枝子 編著
これだけはおさえたい！
保育者のための「子どもの健康と安全」
定価（本体 2,500 円＋税）

―――――――――――――――――――― 創 成 社 ――――――